Miriam Semrau
Franziska Misselwitz

NERVEN KITZEL

99 Krimis, die unter die Haut gehen

arsEdition

Von: _____
_____

Für: _____
_____
_____

Impressum
In einigen Fällen war es nicht möglich, für den Abdruck der Texte die Rechteinhaber zu ermitteln. Honoraransprüche der Autoren, Verlage und ihrer Rechtsnachfolger bleiben gewahrt.

© 2019 arsEdition GmbH, Friedrichstr. 9, 80801 München
Alle Rechte vorbehalten

Covergestaltung: arsEdition GmbH
Illustrationen Cover: Franziska Misselwitz
Illustrationen und Gestaltung Innenteil:
Franziska Misselwitz
ISBN 978-3-8458-3188-6
1. Auflage
www.arsedition.de

Herzlich willkommen **in meiner Welt**

In dieser Welt gibt es unendlich viele spannende Geschichten. Sie kommen in ganz unterschiedlicher Form daher. Manche sind so heftig, dass ich beim Lesen kaum atmen konnte, manche sind so humorvoll, dass das Verbrechen in ihnen schon fast eine Nebenrolle spielt. Bei manchen steht „Kriminalroman" auf dem Titel, bei anderen „Thriller" und hin und wieder auch einfach „Roman". Aber es sind alles Geschichten über Täter, Opfer und illegale Machenschaften. Manche greifen relevante aktuelle gesellschaftliche Themen auf, manche sind zeitlos. In diesem Buch stelle ich 99 Bücher vor, die mich besonders berührt haben. Ich beschreibe, was mich an ihnen besonders begeistert, und ich möchte Ihnen damit Anregungen geben. Ich hoffe, dass Sie hier etwas entdecken, was Ihnen in der Buchhandlung oder Bücherei bisher entgangen ist und was Ihnen gefallen könnte. Seien Sie neugierig. Lassen Sie sich auch mal auf eine andere Lesart von „Krimi" ein. Lassen Sie sich von den Geschichten dieser Bücher verführen, lassen Sie sich anregen zum Mitfühlen, Mitbangen, Mitfiebern, Mitfluchen und Mithoffen. Und lassen Sie dieses Büchlein gerne rumliegen. Stecken Sie andere an. Denn eine Welt ohne Geschichten im Kopf wäre eine arme Welt und dagegen schreiben alle Schriftsteller an – für Sie. Genießen Sie die Freude am Lesen. Und jetzt stöbern Sie nach Herzenslust in meinen 99 Favoriten. Viel Vergnügen!
Miriam

INHALT

Ani, Friedrich	10
Annas, Max	100
Arango, Sascha	137
Arjouni, Jakob	8
Axat, Federico	127
Bausch, Joe	70
Beckett, Simon	79
Bohnet, Katja	82
Börjlind, Cilla & Rolf	29
Borrmann, Mechtild	53
Bottini, Oliver	50
Bruen, Ken	38
Buchholz, Simone	18
Burke, James Lee	31
Carrisi, Donato	60
Carter, Chris	83
Cataldo, Giancarlo und Bonini, Carlo	88
Cavalcanti, Klester	67
Chaon, Dan	131
Christie, Agatha	17
D'Andrea, Luca	115
Dahl, Arne	34
Dazieri, Sandrone	95
Deaver, Jefferey	114
Dicker, Joël	14
Disher, Garry	124
Ditfurth, Christian von	96
Eckert, Horst	119

Einzlkind	132
Elsberg, Marc	129
Ertener, Orkun	52
Fel, Jérémy	78
Flender, Karl Wolfgang	136
Fox, Candice	110
Gattis, Ryan	76
Georgi, André	77
Goldammer, Frank	58
Harris, Oliver	108
Higashino, Keigo	9
Hill, Antonio	24
Hjorth, Michael und Rosenfeldt, Hans	26
Hoffman, Jilliane	80
Holt, Anne	94
Horowitz, Anthony	16
Izzo, Jean-Claude	99
Jacobsen, Steffen	89
Jensen, Jens Henrik	106
Jepsen, Erling	49
John, D.B.	113
Jones, Cynan	63
Kemelmann, Harry	134
Kerr, Philip	54
Kollender, Andreas	74
Kutscher, Volker	12
Lansdale, Joe R.	36
Lehane, Dennis	122

Leonard, Elmore	133
Mankell, Henning	39
Maurer, Jörg	140
McIlvanney, William	56
McKinty, Adrian	35
Melo, Patricia	61
Mendelson, Paul	90
Mina, Denise	40
Minato, Kanae	33
Mullen, Thomas	97
Mumot, André	128
Musharbash, Yassin	120
Nesbø, Jo	57
Nicol, Mike	92
Oates, Joyce Carol	138
Ohlsson, Kristina	121
Pattison, Eliot	30
Peace, David	75
Peters, Christoph	112
Pflüger, Andreas	103
Poe, Edgar Allan	44
Puzo, Mario	98
Raab, Thomas	42
Raabe, Marc	107
Reemtsma, Jan Philipp und Scheerer, Johann	68
Ribeiro, Gil	135
Sallis, James	64
Searle, Nicholas	118
Seghers, Jan	25
Shaw, William	11
Silva, Daniel	104

Sjöwall, Maj und Wahlöö, Per	20
Smith, Roger	84
Smith, Tom Rob	81
Tuomainen, Antti	139
Wagner, Jan Costin	22
Weiler, Jan	13
Westlake, Donald E.	141
Willmann, Thomas	66
Winslow, Don	86
Xiaolong, Qiu	27
Yokoyama, Hideo	130
Yoshimura, Manichi	28
Yu-jeong, Jeong	126

Zum schnellen Überblick, was Sie in jedem Buch erwartet, schauen Sie auf die Wetterlage.

1 Wolke – 3 Wolken:
Düsterheit
1 Blitz – 3 Blitze:
Brutalität
1 Sonne – 3 Sonnen:
Humor

Um den knappen Platz bestmöglich zu nutzen, verwende ich in diesem Buch die männliche Form für Autor und Leser und spreche damit ausdrücklich auch jeweils ihre weiblichen Pendants an.

Jakob Arjouni
Die Kayankaya-Romane

„Bissn Bulle?" – „Nee, bin Türke."

Darf ich vorstellen: Kemal Kayankaya. Privatdetektiv. Schlagfertig und schlagkräftig. Sehr trinkfest. Immer leicht zerknittert. Und irgendwo im Stammbaum ein Seelenverwandter Philipp Marlowes. Kontert schnoddrig, mit Witz und manchmal sogar in fließendem Hessisch. Letzteres sehr zum Missfallen seiner türkischen Klientin, die ihn nur ausgewählt hat, weil er Türke ist.
Ihr Mann wurde im Hinterhof eines Bordells erstochen und sie hat den Eindruck, die Polizei ermittelt nicht mit besonders viel Hingabe. Also begibt Kayankaya sich ins Rotlichtviertel, wird mehrfach vermöbelt und findet heraus, dass der verstorbene Gatte mit Heroin gehandelt hat. Was die Suche nach dem Täter nicht einfacher macht.
Fünf Bände von Kayankaya gibt es seit 1985, und obwohl sie alle ein Abbild ihrer Zeit sind, wirken sie frisch und aktuell. Weil Arjouni Geschichten erzählt, wie sie jederzeit und überall passieren können, ohne das übliche Happy End.

Zum Glück gibt es einen Sammelband, denn spätestens, wenn Sie „Happy birthday, Türke!" fertig gelesen haben, wollen Sie eh direkt mit „Mehr Bier" weitermachen.

FRANKFURT AM MAIN, DEUTSCHLAND

TOKIO, JAPAN

Keigo Higashino
Verdächtige Geliebte

Dieser Krimi ist das ultimative Knobelspiel. Ich kenne keinen anderen Krimi, der dem perfekten Alibi so nahekommt und der mich so fesselt.
Yasuko wird bei sich zu Hause von ihrem Ex-Mann bedroht und tötet ihn in höchster Not. Ihr Nachbar Ishigami hört den Lärm, schaut kurz vorbei, zieht die richtigen Schlüsse und bietet an, ihr ein perfektes Alibi zu basteln. Als Mathelehrer liefert Ishigami einen so ausgeklügelten Plan ab, dass der ermittelnde Kommissar sich daran die Zähne ausbeißt. Aber der Kommissar bespricht seine Ermittlungen mit einem alten Freund, der Physiker ist, und der durchschaut schnell Teile des Plans. Aber zwischen Durchschauen und Auffliegenlassen liegen Welten, denn beide sehen wie in einem Schachspiel den nächsten Zug des anderen voraus.
Der Kommissar staunt genau wie wir Leser, was für ein furioses Feuerwerk der Logik sich diese beiden Genies liefern.
Und nie hätte ich gedacht, dass ein Krimi so spannend sein kann, bei dem der Täter von vornherein bekannt ist!

Friedrich Ani
Süden und das heimliche Leben

MÜNCHEN, DEUTSCHLAND

Tabor Süden spürt Vermisste auf, erst als Polizist und dann als Privatdetektiv. Er ist ein Meister im Zuhören und Hinschauen und Wahrnehmen und ich liebe es, ihn dabei zu begleiten. Weil Ani nicht nur die Geschichte erzählt, wie Süden Vermisste aufspürt, sondern uns auch an seinen Gedanken teilhaben lässt.

„Vielleicht passen die Menschen und er heute einfach nicht zusammen. Abstand, hatte er einmal gelesen, sei die Seele des Schönen."

Die Frau, die er in diesem Band aufspüren soll, ist eine Kellnerin, die von den Wirtsleuten gebeten wurde, ihre Kneipe zu übernehmen. Die Stammgäste mögen sie, sie hat den Laden schon oft allein geschmissen. Warum sollte sie verschwinden? Wurde sie Opfer eines Unglücks oder eines Verbrechens?

Diese Krimireihe ist ein Genuss für jeden Leser, der leise Töne und kluge Gedanken mehr schätzt als blutige Effekte.

William Shaw **Abbey Road Murder Song**

An diesem Krimi gefällt mir besonders das Ermittlerpaar, weil es so herrlich normal ist. Aber was aus meiner Sicht normal ist, sieht 1968 in London nicht jeder so. Detective Breen ist viel zu angepasst und nett und seine Kollegin Tozer viel zu forsch und emanzipiert für den Rest der Truppe beim Scotland Yard. Und genauso gespalten wie die Polizei ist die Gesellschaft. Junge Frauen tragen plötzlich Miniröcke und kreischen den Beatles hinterher, während sich ein paar Straßen weiter die Anwohner über ihre neuen, dunkelhäutigen Nachbarn echauffieren.

„Scheiß auf Love and Peace. In England bildeten sich gerade neue Fronten."

Gar nicht so einfach, in diesem Umfeld zu ermitteln, warum eine junge Frau tot auf einem Müllhaufen gefunden wurde.

Dieser Schmöker von einem Krimi versetzt Sie in eine andere Zeit und gerade das ist sein Charme.

LONDON, UK

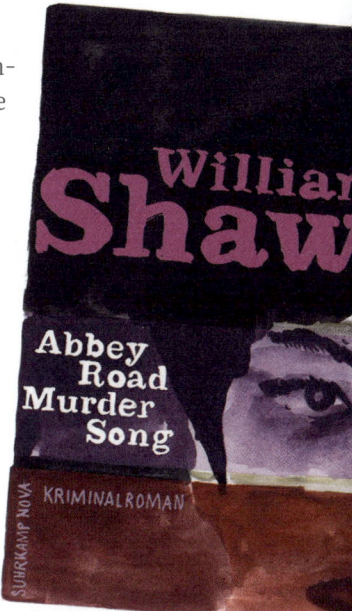

Volker Kutscher
Der nasse Fisch

Viele kennen sicher die Serie „Babylon Berlin" und denken sich, warum dann noch das Buch lesen. Ich verrate es: Weil das Buch andere Schwerpunkte setzt, einige Charaktere anders entwickelt und viel mehr erzählt als der Film. Und natürlich, weil es schon etliche Bände mehr zu lesen als Folgen zu gucken gibt. Wer also wissen will, wie es weitergeht, der liest.

Es lohnt sich in jedem Fall, in diese Serie einzutauchen, denn Volker Kutscher schreibt so anschaulich, dass das Berlin der Weimarer Republik auch beim Lesen vor dem inneren Auge lebendig wird. Man ist mittendrin in dieser bunten, modernen, vergnügungssüchtigen, politischen, brodelnden Stadt, die Rathenau als „Spree-Chicago" bezeichnet hat. In der eines Tages ein Auto aus dem Kanal gefischt wird, in dem ein toter Mann sitzt. Aber er ist nicht ertrunken, sondern wurde gefoltert und starb an einer Überdosis Heroin. Das kommt Gereon Rath gerade recht. Er wurde von der Mordkommission in Köln zur Sitte in Berlin degradiert und will den neuen Chefs mal zeigen, was in ihm steckt.

BERLIN,
DEUTSCHLAND

MÜNCHEN, DEUTSCHLAND

Jan Weiler
Kühn hat zu tun

Der Autor sagt, er habe gar keinen Kriminalroman geschrieben, sondern einen Gesellschaftsroman mit einem Polizisten als Hauptfigur, und ich stimme ihm zu. Trotzdem ist dieser Roman spannend und es gibt sogar gleich mehrere Tote samt Tätersuche. Martin Kühn ist Leiter der Mordkommission, Vater zweier Töchter, Ehemann und das Gehalt reicht gerade mal so eben, aber weder für ein neues Auto noch für ein Pferd. All das füllt seinen Kopf ständig mit Gedanken.

> „Es ist, als sei jeder Gedanke ein Auto in einem großen Stau. Und alle hupen gleichzeitig."

Kühn ist wunderbar normal und der Blick auf ihn und seine Welt ist erfrischend, unterhaltsam und pointiert geschrieben. Allein deshalb ist dieser Roman sehr lesenswert – und ein bisschen Krimi ist er schon auch.
Auch der zweite Roman „Kühn hat Ärger" hat mir sehr gefallen und ich hoffe, Jan Weiler hat noch viele Geschichten über Kühn zu erzählen.

Joël Dicker **Die Wahrheit über den Fall Harry Quebert**

EIN BISSCHEN NEW YORK UND VIEL NEW HAMPSHIRE, USA

Dieser Roman hat einige Preise eingeheimst, viele lieben ihn, anderen ist er zu banal. Was ich an ihm mag? Er hat mich einfach bis zur letzten Seite prima unterhalten.

Ein Schmöker, der vieles ist: Krimi, Liebesgeschichte und Kleinstadtdrama. Ein Buch über Freundschaft, über Schriftsteller und den Literaturbetrieb. Vielleicht hier und da ein wenig kitschig, zugegeben, aber die Geschichte bietet so viele Wendungen, dass meine Lust am Miträtseln da locker drüber wegschaut. Und ich mag einfach Romane, in denen ein Roman geschrieben wird.

Im Garten des angesehenen Schriftstellers Harry Quebert wird das Skelett einer jungen Frau gefunden, die vor 33 Jahren spurlos verschwunden ist. Harry gibt zu, dass ihn mit der damals 15-jährigen Nola eine Liebesbeziehung verband und dass sein berühmtester Roman keine Fiktion ist, sondern auf dieser wahren Liebe beruht. Damit steht Harry nun unter Mordverdacht und wird über Nacht zur

Persona non grata. Nur Marcus Goldman glaubt an seine Unschuld. Harry war Marcus' Lehrer, durch ihn wurde er Schriftsteller. Und es verbindet ihn nicht nur Dankbarkeit mit Harry, sondern er betrachtet ihn als seinen besten Freund.
Also fährt Marcus nach Aurora und zieht in Harrys Haus ein, während der in Untersuchungshaft sitzt. Er beginnt mithilfe eines Polizisten, in der alten Geschichte herumzustochern, und bringt einiges zutage über Nolas Familie und andere Männer, die sich zu Nola hingezogen fühlten.

Nicht allen Bewohnern Auroras gefällt das, aber es gelingt Marcus, Zweifel an Harrys Täterschaft zu säen. Und er wird so gepackt von all diesen Erkenntnissen, dass er darüber einen Roman zu schreiben beginnt. Sehr zur Freude seines Verlages, der seit Marcus' viel beachtetem Debüt ungeduldig auf seinen nächsten Roman wartet und der daher voreilig ein paar unfertige Passagen veröffentlicht. Das zieht einige sehr unangenehme Folgen nach sich, aber mehr verrate ich nicht, denn was Joël Dicker sich an Überraschungen ausdenkt, ist ein so großes Vergnügen, dass es jeder selbst lesen sollte.

Denn „Zwei Dinge geben dem Leben einen Sinn: die Bücher und die Liebe".

Anthony Horowitz
Das Geheimnis des weißen Bandes

Sherlock Holmes mit seiner scharfsinnigen Gabe, Schlussfolgerungen aus Auftreten und Verhalten anderer zu ziehen, fasziniert mich immer wieder. In diesem ersten Roman von Anthony Horowitz über Holmes gibt es viele Gelegenheiten, wo ich Holmes besonderen Fähigkeiten erstaunt zusehen kann, und daher ist er für mich ein würdiger Erbe von Arthur Conan Doyle.

Holmes löst hier gleich zwei Rätsel, nämlich was es mit der Bostoner Flachkappenbande auf sich hat und das Geheimnis des Seidenhauses in London. Dabei frotzelt er wie gewohnt launig gegen Scotland Yard und mit Watson und besticht durch seine Unkonventionalität.

Horowitz erzählt diese verzwickte Handlung mit viel Tempo und Überraschungen, was diesen Roman spannender macht als so manches Original von Doyle.

LONDON, UK

Agatha Christie
Und dann gab's keines mehr

Bei Agatha Christie denken die meisten an Miss Marple und Hercule Poirot und mögen entweder die eine oder den anderen lieber. Mein Lieblingskrimi von ihr kommt dagegen fast komplett ohne Ermittler aus.

Ich kann nicht zählen, wie häufig ich „Und dann gab's keines mehr" schon gelesen habe, denn für mich ist es einfach der perfekte „Locked-room-mystery".

Acht einander unbekannte Menschen werden mit unterschiedlichen Begründungen auf eine Insel vor der Küste Devons eingeladen und treffen dort auf zwei Bedienstete. Nur diese zehn Personen befinden sich auf der Insel und nach und nach stirbt eine nach der anderen - ganz wie in einem alten Kinderreim, der in jedem Gästezimmer an der Wand hängt. Einer von ihnen muss also der Mörder sein, aber wer?

Ein Krimi mit vielen überraschenden Wendungen, wenig Blut und unerwartetem Ende.

NIGGER ISLAND, UK

Simone Buchholz **Blaue Nacht**

„Ich mache mir die nächste Zigarette an und höre meinen Stiefeln zu. Wir finden schnell einen Rhythmus, wir laufen gerne auf Asphalt, meine Stiefel und ich."

HAMBURG, DEUTSCHLAND

Wenn ich das lese, denke ich sofort an einen Sheriff, der nachts in seinem Revier patrouilliert. Und so ähnlich hält die Staatsanwältin Chastity Riley Ordnung in ihrem Kiez, hier auf St. Pauli. Hier gehört sie hin, hier kümmert sie sich um Gerechtigkeit. Sie ist wortkarg und nach außen rau. Liebe? Wenn sie sich zu jemandem hingezogen fühlt, dann versteckt sie sich hinter Selbstironie und schafft so eine innere Distanz. Und damit erzeugt sie bei mir, dass ich ihr immer näherkommen will. Denn sie hat ein feines Gespür für andere und ist ein feiner Kerl. Wo kann ich sie treffen? Natürlich in ihrer Lieblingskneipe, der „Blauen Nacht". Hier trinkt sie gern mal einen über den Durst. Und wenn Leser monieren, dass sie für eine Staatsanwältin zu viel in sich reinkippt, dann lässt die Autorin im Folgeband noch mehr Alkohol fließen. Also Obacht!

Aus meiner Sicht kann man mit diesem sechsten Band gut in die Serie einsteigen. Aber warum sollte man sich die ersten fünf Bände entgehen lassen? Und einmal angefixt, wartet man eh ungeduldig auf die jährliche Fortsetzung.

So viele Menschen sagen, sie mögen skandinavische Krimis, und ich teile diese Liebe. Und dann überlege ich manchmal, was sie eigentlich gemeinsam haben.

Weil auch jeder skandinavische Autor seine eigene Handschrift hat, seinen eigenen Stil. Manche Plots sind klassisch, manche etwas abstrus, viele sind gesellschaftskritisch und diese Tradition wurde sicherlich hauptsächlich durch das schwedische Autorenduo Maj Sjöwall & Per Wahlöö begründet.
Die meisten skandinavischen Krimis scheinen mir besonders düster. Sei es dadurch, dass sie im Winter spielen und es dort einfach lange kalt und dunkel ist, oder durch besondere Brutalität.
Aber ich sehe auch die große Vielfalt in skandinavischen Kriminalromanen, denn dort wie auch sonst überall auf der Welt ermitteln nicht nur Polizisten, sondern auch Fallanalysten, Privatdetektive, Ex-Polizisten usw. Manche zeichnen sich durch detaillierte Ermittlerarbeit aus, manche sind rasant, manche sind brutal, andere zum Wohlfühlen.
Auf jeden Fall gibt es deutlich mehr skandinavische Romane über Kriminalität, als die Realität hergibt, und das macht die Region zu einem herrlichen Urlaubsziel, wo man auf den Spuren von fiktiven Tatorten wandeln und dabei jede Menge freundlicher Menschen treffen kann.

STOCKHOLM, SCHWEDEN

Mal Sjöwall / Per Wahlöö
Verschlossen und verriegelt

Mit dieser Reihe um Martin Beck fing alles an, was wir heute an schwedischen Krimis so lieben. Das politisch links verortete Autorenpaar hat nichts weniger als das Genre des schwedischen Krimiromans revolutioniert, indem es klassische Genre-Elemente mit scharfer Gesellschaftskritik verband. Aus ihrer Sicht funktionierte sehr wenig im Wohlstandsstaat Schweden: Beamte waren korrupt, Polizisten inkompetent und die Solidarität untereinander schwand. Schweden war aus ihrer Sicht auf dem Weg, ein kaltes, kapitalistisches Land zu werden. Håkan Nesser schreibt im Vorwort zu „Verschlossen und verriegelt", dass die gesellschaftliche Debatte damals in den 1970er-Jahren in genau diesen Extremen geführt wurde. Aber nicht nur diese Sozialkritik war neu im Krimi, sondern auch die realistische Darstellung von Polizisten und ihrem Alltag. Und erstmals entwickelte sich das Privatleben der Hauptfigur im Lauf der Reihe, sodass sie dem Leser dadurch immer näherkommt. All das ist heute für uns passionierte Krimileser gang und gäbe.

Wer dies in voller Länge genießen möchte, dem lege ich alle zehn Bände ans Herz und empfehle, sie in der richtigen Reihenfolge zu lesen.
Wer nur mal kurz zurückblicken möchte, dem empfehle ich hier den achten Band, denn in ihm ist ein „Locked-room-mystery" zu lösen, was mich immer besonders begeistert. Ein Mann liegt erschossen in einer von innen verschlossenen Wohnung, aber die Polizei findet keine Waffe. Trotzdem legt sie den Fall schnell zu den Akten, denn eine aufsehenerregende Bande von Bankräubern fesselt die Aufmerksamkeit der Beamten. Nur Martin Beck vertieft sich in den vermeintlichen Selbstmord und es gelingt ihm sogar, die beiden Fälle miteinander zu verknüpfen.

Aus heutiger Sicht scheint vieles überzeichnet, grotesk und manches hat sogar Slapstick-Charakter. Aber was spricht gegen gute Unterhaltung in einem Krimi?

TURKU, FINNLAND

Jan Costin Wagner **Sakari lernt, durch Wände zu gehen**

Immer wieder fällt der Name Jan Costin Wagner, wenn ein literarischer Krimiautor gesucht wird. In meinen Augen ist jeder Kriminalroman Literatur, aber die von Jan Costin Wagner zeichnen sich durch eine für das Genre ungewöhnliche Feinfühligkeit aus.
„Sakari lernt, durch Wände zu gehen" ist der sechste Band um Kimmo Joentaa und für mich ist der Sog dieser speziellen Atmosphäre ungebrochen. Kimmo ist kein Actionheld, der seinen weichen Kern hinter einer harten Schale verbirgt. Stattdessen kommt er zum Ziel, indem er sich auf andere Menschen einlässt und deren Motive, Ängste, Sehnsüchte erkennt. Seine Fürsorge gilt nicht nur seiner Tochter, sondern auch Kollegen und Angehörigen von Opfern.
Als Erstes kümmert er sich in diesem Roman um seinen Kollegen Petri, der den jungen Mann Sakari erschossen hat. Sakari stand nackt in einem Brunnen und verletzte sich selbst mit einem Messer. Aus welchem Gefühl heraus Petri Sakari erschossen hat, weiß er nicht so recht, und daher bittet er Kimmo um Unterstützung. Die beiden

besuchen zusammen Sakaris Familie und Nachbarn und entdecken, wie ein schrecklicher Unfall vor vier Jahren zwei Familien bis heute stark belastet.

„Ein Vater, der in der Zukunft lebt. Die nicht kommt. Eine Mutter, die in der Vergangenheit lebt. Die nicht vergeht. Und die Kinder, David und Erik, sind allein geblieben, im Hier und Jetzt."

Mit leisen Tönen schreibt Wagner von großen Gefühlen wie Trauer, Schuld und Liebe und zeigt, wie alles miteinander zusammenhängt. Und wer sich als Leser auf diese emotionale Intensität einlassen möchte, der beginnt spätestens nach dieser Lektüre mit dem ersten Band, „Eismond".

Besonders schön finde ich, dass der Autor kurz nach Erscheinen von „Sakari" ein Musikalbum veröffentlicht hat. Es heißt „Thief of a moon" und vertont perfekt die Atmosphäre, die ich beim Lesen des Romans gespürt habe. Bei allen 14 Liedern wird mein Herz ganz weit und aus meiner Sicht ist dieses Album ein viel zu wenig beachteter Schatz. Also, hören Sie mal rein und sagen Sie es weiter.

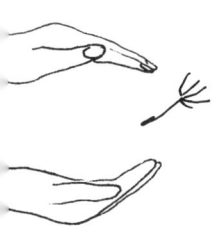

Antonio Hill **Der einzige Ausweg**

Manchmal wird man nach einem gelungenen Debüt vom folgenden Roman enttäuscht, aber nicht hier. Der Psychologe Antonio Hill hat eine Trilogie geschaffen, in der jeder Charakter einen zweiten Blick wert ist. Im Mittelpunkt steht Inspektor Héctor Salgado, ein Argentinier, dessen Frau sich von ihm getrennt hat und nun verschwunden ist. Während er versucht, den Kontakt zu seinem halbwüchsigen Sohn nicht zu verlieren, spürt er in diesem Band dem Tod einer jungen Frau nach. Selbstmord oder Mord? Salgado wird so richtig misstrauisch, als er herausfindet, dass einer ihrer Arbeitskollegen einige Monate zuvor erst seine Familie und dann sich selbst getötet hat. Was verbirgt sich hinter dem schönen Schein des Kosmetikunternehmens, bei dem die beiden Toten gearbeitet haben?

„Das Mysterium von Selbstmorden und erhängten Hunden."

BARCELONA, SPANIEN

Es treibt Salgado um, während seine Kollegin Leire ohne sein Wissen dem Verschwinden seiner Frau hinterherspürt. Dieser Krimi besticht durch die Perspektivenwechsel der Erzählung und die Vielfalt der Charaktere. Obwohl er einen für sich abgeschlossenen Kriminalfall behandelt, steigt der Lesegenuss, wenn man die Trilogie im Ganzen liest.

Jan Seghers **Menschenfischer**

„Alle Figuren und Ereignisse sind frei erfunden,
auch wenn die Wirklichkeit bei ihnen Pate stand."

Dieser Satz ist dem Roman „Menschenfischer" vorangestellt und er ist typisch für Jan Seghers, der jeden seiner Kriminalromane auf einer wahren Geschichte basieren lässt. Pate stand in diesem Roman der Tod von Tristan Brübach im März 1998, der hier fiktiv Tobias Brüning heißt. In der Realität wurde der Täter bis heute nicht gefasst, aber Jan Seghers lässt die Polizei fünfzehn Jahre später eine neue Spur finden. Nahe der Loreley werden zwei Roma-Jungen gefunden, die auf ähnliche Weise wie Tobias ermordet wurden. Hauptkommissar Marthaler ist zur Stelle und sucht den Täter mit ganzer Energie, denn der alte, ungelöste Fall nagt an ihm genauso wie der Wunsch, weitere Morde zu verhindern. Und er hat den Verdacht, einer größeren Sache auf der Spur zu sein - zu Recht.

MARSEILLAN, FRANKREICH, FRANKFURT AM MAIN UND DIE GEGEND UM DIE LORELEY, DEUTSCHLAND

Dieser sechste Band der Reihe um den Hauptkommissar Robert Marthaler ist ein in sich abgeschlossener Roman und problemlos ohne Kenntnis der vorigen Bände verständlich.

Aber wer mit dem ersten Band beginnt, wird zusätzlich das Privatleben Marthalers verfolgen und sich umso mehr freuen, dass jetzt eine neue Frau in sein Leben tritt.

Michael Hjorth / Hans Rosenfeldt
Die Opfer, die man bringt

Krimis über Serientäter gibt es wirklich genug. Vor allem gemessen daran, dass sie in Realität viel seltener vorkommen, als man denkt. Aber diese Reihe hat etwas Besonderes: Sebastian Bergman. Seines Zeichens Kriminalpsychologe und größter Egozentriker unter der Sonne. Für mich ist das eine willkommene Abwechslung von dem häufig vorkommenden Harte-Schale-weicher-Kern-Kerl. Sebastian ist ein Widerling, der in Frauen nur potenzielle Bettgespielinnen sieht und den immer nur der Thrill in allem interessiert. In den Bänden drei und vier wurde er mir fast zu nett und empathisch, aber in diesem Band sechs läuft er wieder zu Hochtouren auf.

Die Polizei Uppsala bittet Bergman um Unterstützung, weil zwei Frauen vergewaltigt wurden und die Kommissarin Schlimmeres verhindern will. Aber natürlich kommt es schlimmer. Viel schlimmer. Und fast so spannend wie die Kriminalhandlung sind die persönlichen Verbindungen zwischen den Polizisten. Hierfür lohnt es sich wie so oft, die Reihe von Beginn an zu lesen.

Ein Schwedenkrimi für alle Fans nordischer Düsternis. Und der Cliffhanger am Ende sorgt dafür, dass man ganz schnell Band sieben lesen möchte.

UPPSALA, SCHWEDEN

Qiu Xiaolong **99 Särge**

Polizeiliche Ermittlungen in einem Fall mit politischer Relevanz sind in jedem Land mit besonderer Umsicht durchzuführen, aber in China stelle ich mir das brisanter vor als anderswo. Einen Einblick, wie es dort laufen könnte, liefert Qiu Xiaolong durch Oberinspektor Chen, der inzwischen ein hoher Parteikader ist, aber auch seine Leidenschaft für Poesie pflegt.

Genau diese Vielfalt des Ermittlers macht für mich den Reiz dieser Krimiserie aus. Denn wie bewegt sich ein sensibler Poet in den Machtebenen des Einparteienstaats?

In „99 Särge" geht es um Korruption, wie diese von Bürgern durch Internetrecherchen ans Licht gebracht wird und wie die Partei damit umgeht. Der Direktor der Wohnungsbaubehörde soll zu Korruptionsvorwürfen in einem Luxushotel befragt werden, doch bevor es dazu kommt, erhängt er sich. Chen hat Zweifel am Suizid und ermittelt, anstatt wie gewünscht den Fall zügig abzuschließen. Dabei findet er zwischendurch immer Zeit für ein gutes Essen und natürlich für Lyrik, denn:

> „Ein Dichter konnte es sich leisten, über einen Weg zu spekulieren, den er im gelben Herbstwald nicht eingeschlagen hatte, ein Polizist hingegen nicht."

SHANGHAI, CHINA

Manichi Yoshimura **Kein schönerer Ort**

Ein elfjähriges Mädchen erzählt in diesem Roman von ihrem Umfeld, von ihrer Schule, ihrem Zuhause, ihren Nachbarn. Man singt gemeinsam Lieder und isst heimisches Gemüse. Alles gut, oder?
Na gut, der Vater ist gestorben, die kleine Familie hat wenig Geld und die Mutter nimmt neben ihrem Job noch Heimarbeit an. Und im Supermarkt gibt es „Unbedenklichkeitssiegel". Aber ein komisches Gefühl beschleicht einen beim Lesen spätestens dann, wenn in der Schule außergewöhnlich stark das Gemeinschaftsgefühl beschworen wird und Kyoko gefragt wird, warum sie die Umizuka-Hymne nicht mitsingt. Dann kann man sich Kyokos Welt schon bildlich vorstellen. Geht mit ihr zur Totenwache für eine Mitschülerin und beobachtet, wie ein Lehrer verschwindet und durch eine andere Lehrerin ausgetauscht wird.

Was ist mit dem Lehrer passiert? Wo ist er jetzt und warum musste er gehen? Keine dieser Fragen wird ausgesprochen oder gar beantwortet. Das muss es auch nicht, wenn man aufmerksam liest. Denn dann stellt sich die Gewissheit ganz allmählich neben das Schaudern und so bleiben viele Bilder im Herzen, wenn diese kurze Geschichte schon vorbei ist.

UMIZUKA, JAPAN

STOCKHOLM & UMLAND, SCHWEDEN UND BUKAREST, RUMÄNIEN

Cilla Börjlind / Rolf Börjlind **Schlaflied**

Im Jahr 2015 sieht es am Stockholmer Hauptbahnhof genauso aus wie an vielen Bahnhöfen in der EU. Zu wenige Behördenmitarbeiter treffen auf zu viele geflüchtete Menschen und bauen auf Freiwillige, die aushelfen. Aber nicht alle Helfer meinen es gut und es ist nicht für alle Hilfsbedürftigen Platz in der Stadt.

Als ein ermordeter Junge im Wald gefunden wird, beginnt die Polizei zu ermitteln, aber schon die Feststellung der Identität gestaltet sich schwierig. Wer vermisst schon unbegleitete Flüchtlingskinder? Ihre Recherchen führen Olivia Rönning und Tom Stilton nach Bukarest, wo sie in der Kanalisation grausame Entdeckungen machen. Nicht umsonst wird sie „der Vorhof der Hölle" genannt. Und währenddessen werden in Schweden weitere tote Flüchtlingskinder gefunden.

Dieser Krimi ist deshalb so umfangreich, weil er neben den Ermittlungen genauso viel Wert legt auf das Privatleben der Ermittler. Wenn einem das gefällt, dann empfehle ich, diese Serie von Anfang an zu lesen, also bei „Die Springflut" zu beginnen.

Eliot Pattison
Der fremde Tibeter

Für sein Krimidebüt hat sich der amerikanische Jurist und Autor Eliot Pattison etwas ganz Besonderes überlegt: Er lässt einen Häftling ermitteln. Der Häftling ist Shan Tao Yun, der als Polizist in Peking bei Korruptionsermittlungen in Ungnade gefallen und deshalb in einem Straflager in Tibet gelandet ist. Die Sträflinge finden bei Bauarbeiten eine Leiche und der Gefängnisdirektor bittet Shan, die Identität des Toten herauszufinden. Das gefällt selbstverständlich dem Staatsanwalt nicht, der Shans Ermittlungen stört und zügig einen alten Mönch als Tatverdächtigen präsentiert. Shan lässt sich aber nicht einschüchtern, bezweifelt die Schuld des alten Manns und lernt im Lauf seiner Befragungen immer mehr über die tibetische Kultur – und mit ihm auch wir Leser.

Feinfühlig, unterhaltsam und mit großer Kenntnis über Tibet lässt der Autor uns in eine fremde Welt eintauchen und das Schönste daran ist, dass dies der erste von bisher neun auf Deutsch erschienenen Bänden dieser wunderbaren Reihe ist.

TIBET, CHINA

TEXAS, USA, AN DER GRENZE ZU MEXIKO

James Lee Burke **Regengötter**

James Lee Burke hat als einer von wenigen Krimiautoren zwei Mal den Edgar Allen Poe Award erhalten und seine Südstaatenkrimis sind ein Epos für sich. Am bekanntesten ist die Serie um den Polizisten Dave Robicheaux, aber Hackberry Holland steht dem in nichts nach.
Sheriff Holland ist jenseits der 70, sorgt aber immer noch mit viel Gerechtigkeitssinn für Ordnung in seinem Gebiet. Um Drogen- und Einwanderungsdelikte kümmern sich die Bundesbehörden und damit kann Holland normalerweise gut leben. Aber als er einem anonymen Tipp folgend hinter der Kirche die Leichen von neun jungen Asiatinnen ausgräbt, muss er sich einmischen. Zu sehr erinnert ihn das Massengrab an seine Erlebnisse aus dem Koreakrieg. Er will den Tippgeber schützen und die Mörder finden, kooperiert dafür mit dem FBI und legt sich mit der Einwanderungs- und Zollbehörde an. Und er stößt auf einen Profikiller, der sich „Preacher" nennt und sich als den verlängerten Arm Gottes sieht. Ein ebenbürtiger Gegner für Holland.
Mehr Western als Krimi lebt dieser Roman von seiner Atmosphäre, den Landschaftsbeschreibungen und den ausgeprägten Charakteren.
Und da James Lee Burke seine Romane so konzipiert hat, dass sie in sich abgeschlossen sind, kann man bei „Regengötter" wunderbar einsteigen ohne „Zeit der Ernte" vorher gelesen zu haben.

Immer mal wieder werde ich gefragt, wie ich es schaffe, so viel zu lesen. Leider lese ich nicht besonders schnell, aber ich lese einfach überall.
Am liebsten sitze ich im Bett, das Buch auf den angezogenen Knien und eine Tasse Tee neben mir. Wenn ich dann doch aufstehen muss, schalte ich sofort um auf ein Hörbuch. Mit kabellosen Kopfhörern kann ich staubsaugen, die Wohnung aufräumen, zum Markt gehen, joggen und auch beim Autofahren höre ich total gern Geschichten. Der Vorteil ist, dass mich kein Stau mehr stört und ich auch mal einen Kilometer länger laufe, wenn der Fall gerade so spannend ist. Aber ich habe auch schon mal fast einen Flug verpasst, weil ich einen Krimi noch zu Ende hören wollte, ihn nur auf CD dabeihatte und dafür extra einen Mietwagen mit CD-Player gemietet hatte.
Auch in der Badewanne vergesse ich manchmal die Zeit, wenn ich mit geschlossenen Augen einem Krimi lausche, meinem inneren Film folge und erst am kalten Wasser merke, dass die Haut nun wirklich sauber ist. Aber dann gehe ich einfach ins Bett und lese, bis mir die Augen zufallen.
Denn: Ohne Krimi geht die Mimi nie ins Bett!

Kanae Minato
Geständnisse

Böse. Diese Geschichte ist sehr, sehr böse. Zudem ist sie ungewöhnlich erzählt und ich denke, entweder man liebt dieses Buch oder man bricht es mittendrin schon ab.

Es beginnt mit einem Monolog. Die Lehrerin Yūko Moriguchi spricht zu ihrer Klasse, bevor sie die Schule verlässt. Sie erzählt, wie sehr sie ihre kleine Tochter Manami geliebt hat und wie sehr sie trauert, dass Manami nun tot ist. Das vierjährige Mädchen ist im Swimmingpool der Schule ertrunken und alle Welt geht von einem tragischen Unfall aus. Yūko dagegen ist sich sicher, dass ihre Tochter ermordet wurde, und zwar von zwei Schülern dieser Klasse. Leider sind die Schüler mit ihren 13 Jahren noch nicht strafmündig, daher hat sie sich eine spezielle Form der Rache überlegt.

Was ihre Rede bei ihren Schülern und deren Familien anrichtet, erfährt der Leser in den folgenden Kapiteln aus jeweils wechselnden Perspektiven. Und das ergibt ein Netz aus falschen Freundschaften, Einsamkeit, zarten Gefühlen und vielem mehr. Was nach der letzten Seite bleibt, ist Betroffenheit und die Frage, was moralisch gerechtfertigt ist und wie Gerechtigkeit aussehen könnte.

IRGENDWO IN JAPAN

STOCKHOLM, SCHWEDEN

Arne Dahl **Falsche Opfer**

Wer Krimis von Arne Dahl liest, sollte sich dabei gut konzentrieren. Er strickt komplexe Plots, und wenn man nicht genau aufpasst, entgeht einem die Chance, mitzuknobeln.

Seine erste Krimiserie um das A-Team ist die bekannteste, sie wurde verfilmt und für zwei der elf Bände hat er den deutschen Krimipreis erhalten. Einer der beiden ist „Falsche Opfer", der mit einer Kneipenschlägerei beginnt. Es scheint ein aus dem Ruder gelaufener Streit unter Hooligans zu sein, den ein Mann nicht überlebt hat. Aber die Kommissare beginnen, etwas Größeres dahinter zu ahnen, und nach und nach gelingt es ihnen, scheinbar voneinander unabhängige Verbrechen miteinander in Beziehung zu bringen. Denn anstatt in Ruhe Mittsommer feiern zu können, muss die Polizei sich mit einem Bandenkrieg herumschlagen, mit einer Bombenexplosion in einem Hochsicherheitsgefängnis und mit Pädophilie im Internet. Drogenhandel, Rechtsextremismus und Kriegsverbrechen – Arne Dahl fährt alle Geschütze des Bösen auf und schreibt mit viel psychologischem Einfühlungsvermögen. Wer bei dieser Art von Action auf den Geschmack kommt, kann sich danach auf weitere acht Bände der Reihe freuen. Oder man fängt gleich von vorne mit „Misterioso" an, dann kann man die Bildung und Entwicklung des A-Teams über die Zeit von Anfang an miterleben.

Adrian McKinty **Rain Dogs**

McKinty mag Locked-room-mysteries so sehr wie ich. Daher hat er in diesem fünften Band der Serie um Sean Duffy schon das zweite Rätsel dieser Art eingebaut und allein deshalb bin ich ein lebenslanger Fan. Der andere Grund meiner Begeisterung ist Sean Duffy selbst.

Duffy ist ein katholischer Bulle im Nordirland der 1980er-Jahre. Er ist mit viel Gerechtigkeitssinn und wenig Obrigkeitsehrfurcht ausgestattet, stellt sich in Liebesdingen etwas ungeschickt an und guckt jedes Mal unter seinen BMW, bevor er losfährt, damit ihn keine Autobombe erwischt. Durch solche Alltagssituationen katapultiert mich der Autor direkt in Duffys Welt und das gibt den sehr gut konstruierten Kriminalfällen das besondere Etwas.

„Regen. Wind. Der Nachmittag welkte dahin wie ein Stück Obst in einer Speisekammer in Ulster."

Wie so oft erhöht es den Lesegenuss, die Reihe von Beginn an zu lesen. Aber aus meiner Sicht kann man mit diesem Band auch gut einsteigen. In einer Burg wird morgens eine tote Journalistin gefunden. Da die Burg nachts verschlossen ist, kann die sich eigentlich nur selbst getötet haben. Aber Duffy wird bei ein paar Kleinigkeiten stutzig und setzt sich auf ihre Fährte. Und die führt ihn ins Bordell, nach Finnland und … ach, lesen Sie selbst. :)

CARRICKFERGUS, UK

OSTTEXAS, AN DER GRENZE ZU LOUISIANA, USA

Joe R. Lansdale
Dunkle Gewässer

Diese packende Geschichte beginnt mit einer Leiche. May Lynn wollte nach Hollywood und ihre Freunde dachten, wenn es eine schafft, dieser Tristesse zu entfliehen, dann May Lynn. Aber nun wird sie aus dem Fluss gefischt, tot, mit einer Nähmaschine an den Füßen. Und der Vater und der Onkel von Sue Ellen wollen sie gleich wieder reinwerfen, weil ja eh niemand das Mädchen vermisst. Aber die 16-jährige Sue Ellen und ihr guter Freund Terry setzen sich durch und sie wird begraben.

Denn „wir haben nicht so viele Freunde, dass uns eine davon gleichgültig sein kann, nur weil sie tot ist."

Die Freunde Sue Ellen, Terry und Jinx beschließen, ihre Freundin wieder auszugraben, zu verbrennen und ihre Asche nach Hollywood zu bringen. Sie stehlen ein Floß, graben Diebesbeute aus und nehmen sogar noch Sue Ellens Mutter mit, die endlich ihren gewalttätigen Mann

hinter sich lassen will. Die Fahrt auf dem Floß wäre an sich schon gefährlich genug, aber die vier werden auch noch von einigen üblen Gestalten gejagt.

Ein bisschen erinnert das alles an Mark Twain, vielleicht auch, weil es in den 1930er-Jahren spielt. Aber vor allem ist diese Geschichte mitreißend erzählt, was auch daran liegt, dass sie aus der Sicht von Sue Ellen geschildert wird, die auf dieser Flucht ein ganzes Stück erwachsener wird und Sätze sagt wie:

„Nur weil alles furchtbar ist, heißt das nicht, dass es jetzt besser wird."

Ken Bruen Jack Taylor fliegt raus

Auf den ersten Blick ist Jack Taylor ein einfacher Verlierer. Seinen Job als Polizist hat er verloren, er ist Alkoholiker, Zyniker und hangelt sich so durch. Auf den zweiten Blick hat er aber auch eine große Leidenschaft für Literatur, einen ausgeprägten Sinn für Gerechtigkeit und das Herz am rechten Fleck.

Deshalb stimmt er auch zu, einer Frau zu helfen, die nicht glauben kann, dass ihre Tochter sich selbst getötet hat. Als Taylor anfängt herumzufragen, wird er von seinen ehemaligen Kollegen verprügelt. Was sein Interesse natürlich erst recht anfacht.

Aber diese Reihe besticht nicht durch besonders raffinierte Plots, sondern durch Charakter und Atmosphäre.

Genau so muss in meinen Ohren eine düstere, irische Geschichte klingen. Und wessen Englischkenntnisse ausreichen, dem empfehle ich, sich die Hörbücher von Gerry O'Brien vorlesen zu lassen. Und am besten dazu einen guten Drink zu genießen. Das hat den angenehmen Nebeneffekt, mehr von der Serie zu haben, denn bisher sind nur die ersten neun Bände auf Deutsch erschienen, während es im Original schon ein paar mehr sind.

GALWAY,
IRLAND

Henning Mankell **Mörder ohne Gesicht**

Wahrscheinlich hat jeder schon mal von der Kurt-Wallander-Reihe gehört. Insgesamt umfasst sie zwölf Bände und der erste erschien bereits 1993 auf Deutsch.

Darin versucht Kriminalkommissar Wallander zu ermitteln, wer ein altes Ehepaar auf dem Land brutal ermordet hat. Bevor die alte Frau stirbt, sagt sie „Ausländer", und Wallander ist sich sofort bewusst, welche Wirkung dies auf die Bevölkerung haben wird.

Allein schon diese Ausgangssituation ist heute gesellschaftlich so relevant wie damals und deshalb wirkt der Krimi nicht so alt, wie er ist. Zudem ist Wallander eine so starke, authentische Figur, dass auch sie ihre Anziehung mit der Zeit nicht verliert. Wallander ist ein nachdenklicher Mensch, der sich das Leiden anderer und die Probleme der Gesellschaft zu Herzen nimmt. Seine Frau hat ihn verlassen, das Verhältnis zu seiner Tochter ist schwierig und sein Vater wird im Alter bedürftiger. Aber er ist auch sehr pflichtbewusst und ermittelt mit viel persönlichem Einsatz und Beharrlichkeit, denn Aufgeben ist ja auch keine Lösung.

YSTAD, SCHWEDEN

HELENSBURGH, UK

Denise Mina **Blut Salz Wasser**

„Drei der bestbezahlten Männer der Police Scotland waren zusammengekommen, um zu dieser komplexen, strategischen Entscheidung zu gelangen: hingehen und nachschauen."

Solche trocken kommentierten Beobachtungen machen diesen Krimi zu einem besonderen Lesegenuss. Genauso wie die vielen Kleinigkeiten, die aus Protagonisten vielschichtige Personen machen:
Da ist zum Beispiel Iain, der eine Frau brutal erschlagen hat, aber von anderen als harter Kerl gesehen werden will. Und da ist natürlich Detective Inspector Morrow, die schon so lange eine Frau mit ihren Kindern beobachtet, dass sie sich als erstes um den Sohn sorgt, als die Mutter verschwindet.
In der kleinen Hafenstadt Helensburgh finden sich alle großen Themen der Welt wie Macht und Ohnmacht, Hoffnung und Angst, Gier und Liebe. Und obwohl das anstehende Unabhängigkeitsreferendum die ganze Stadt beschäftigt, zählt dabei doch weniger die politische Dimension, sondern die wirtschaftliche.

Es gilt zu bedenken, wie das Ergebnis die Immobilienpreise beeinflussen wird, ob man besser vorher noch so viel Schwarzgeld wie möglich wäscht – und selbst die Polizei ist von monetären Aspekten getrieben. Denn die verschwundene Frau wird verdächtigt, große Summen an Schwarzgeld zu waschen, und wenn die Polizei dies aufdeckt, bekommt sie einen Anteil davon in die eigenen Budgets. Diesen Geldsegen hätte sowohl die schottische Polizei als auch die in London gern.
Es ist die Differenziertheit, dieses Auge für Details, was die Krimis von Denise Mina aus der Menge herausstechen lässt.

„Jeder scheint hier jeden zu kennen", sagte sie, nur um etwas zu sagen. Fraser hob den Kopf und sah sie an. Seine Augen waren blutunterlaufen. „Niemand kennt hier irgendwen."

JETTENBRUNN,
ÖSTERREICH

Thomas Raab
Still: Chronik eines Mörders

Dieser Roman ist inhaltlich und sprachlich so besonders, dass jede Beschreibung zu kurz gerät. Was erwartet Sie?

Ein Junge:
„Denn von solch feiner, unausnehmbarer Empfindlichkeit war Karl Heidemanns Gehör, wie es in keinem Buch der Rekorde zu finden ist". Er „wurde bald des Sehens überdrüssig. Nur noch hören".

Die Eltern:
„Karls Mutter Charlotte ... sprach zusätzlich das, was Johann Heidemann nicht sprach."

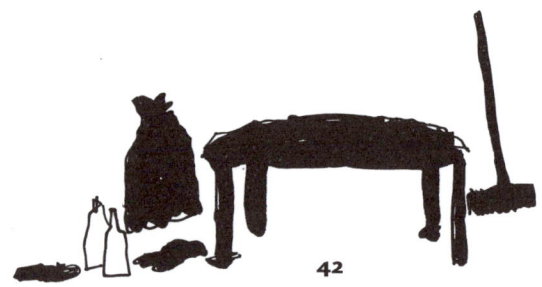

Ein Lehrer:
„Die Alten, die erzählen, die Jungen, die achtgeben. Bildung im Geist, Bildung im Herz, Bildung einer Nähe, einer Verbindung zwischen zwei Menschen. Alois Daxberger und Karl Heidemann wurden Freunde."

Der erste Tod:
„Jede Regung verschwand aus ihrem Gesicht, während sie rückwärts, ihrem Sohn entgegenblickend, einen Fuß hinter den anderen setzte, so lange, bis langsam ihre Brust, ihre Schultern, ihr Kinn, ihr Mund, ihre bis zum letzten Moment wartenden Augen unter der Oberfläche verschwanden."

Das Morden:
„Liebe schenken, Erlösung. Bald würde Veronika Lamprecht bei seiner Mutter sein, bald."

Ein literarisches Porträt

Edgar Allan Poe
Wassergrube und Pendel

Es erscheinen jedes Jahr so viele Krimis und manchmal kommt es mir so vor, dass sie immer blutiger werden, immer mehr ethische und moralische Grenzen überschreiten. Vielleicht, um in der Menge wahrgenommen zu werden, indem sie besonders schocken?
Mir ist das oft zu viel, weil ich beim Lesen so viel Empathie für die Charaktere entwickle, dass ich manches Leid nicht ertragen kann, auch wenn es fiktiv ist.

Daher mag ich auch manche alte Geschichte, die ganz ohne Blut auskommt und mir trotzdem schwitzige Hände beim Lesen bereitet. Eine meiner liebsten Kurzgeschichten ist „Wassergrube und Pendel" von Edgar Allan Poe, aus der Sie jetzt einen Auszug lesen können.

Was mich immer wieder daran fasziniert, ist, wie geschärft alle Sinne in der Notlage funktionieren und wie klar der Verurteilte seine eigene Lage beobachtet.

IN EINEM KERKER

Die Schwingungen des Pendels liefen rechtwinklig zu meiner Körperlage. Ich sah, dass der Halbmond bestimmt war, mir quer durchs Herz zu schneiden. Er würde den Stoff meines Kleides schlitzen; er würde zurückschwingen und den Schnitt wiederholen – wieder und wieder. Ungeachtet seiner schrecklich weiten Schwingung (einige 30 Fuß oder mehr) und der pfeifenden Gewalt im Niedersausen, die wohl sogar diese Eisenwände zu durchschneiden vermochten, würde das Pendel doch minutenlang nur meine Kleider schlitzen; und bei diesem Gedanken hielt ich inne. Ich wagte nicht weiterzudenken. Ich prüfte es mit hartnäckiger Aufmerksamkeit – als ob ich bei dem Verweilen gerade hier den Stahl aufhalten könnte. Ich zwang mich, mir den Ton auszumalen, mit dem der Halbmond das Gewand durchschneiden würde – das eigentümlich fröstelnde Empfinden, das das Zerschneiden von Stoff auf unsere Nerven auszuüben pflegt. Ich grübelte über all diese Kleinigkeiten, bis meine Zähne klapperten.

Nieder – langsam und stetig kroch es nieder! Ich fand ein wahnsinniges Vergnügen darin, die Schnelligkeit der Schwingungen von oben nach unten miteinander zu vergleichen. Nach rechts – nach links! – auf und ab – mit dem Kreischen einer verdammten Seele!

Los auf mein Herz mit dem schleichenden Schritt des Tigers! Ich lachte und heulte abwechselnd, je nachdem die eine oder andere Vorstellung in mir die Oberhand gewann.

Nieder – nieder ohne Erbarmen! Nur noch drei Zoll über meiner Brust sauste es dahin. Ich mühte mich wild – rasend – um meinen linken Arm ganz frei zu bekommen; er war nur vom Ellbogen bis zur Hand frei. Letztere konnte ich mit großer Anstrengung vom Teller neben mir zum Munde führen, weiter aber nicht. Hätte ich die Gurte über dem Ellbogen sprengen können, so würde ich das Pendel erfasst und versucht haben, es zum Stehen zu bringen. Geradeso gut hätte ich versuchen können, eine Lawine aufzuhalten!

Nieder – unaufhaltsam – unerbittlich nieder! Der Atem versagte mir und ein Krampf schüttelte mich bei jeder Schwingung. Meine Augen folgten der Aufwärtsbewegung mit dem Eifer sinnlosester Verzweiflung; sie schlossen sich krampfhaft beim Niedersausen, obgleich Tod eine unaussprechliche Erlösung gewesen wäre.

Und dennoch erbebte ich in jedem Nerv bei dem Gedanken, welch eines gierigen Sinkens der Maschinerie es noch bedurfte, um den scharfen, gleißenden Stahl durch meine Brust zu treiben. Es war Hoffnung, die meine Nerven erschauern – meinen Körper zusammenzucken ließ. Es war Hoffnung – Hoffnung, die über die Foltern triumphierte – die selbst den zu Tode Verurteilten in den Kerkern der Inquisition von neuem Leben raunt.

Ich sah, dass weitere zehn oder zwölf Schwingungen den Stahl nun tatsächlich in Berührung mit meinen Kleidern bringen würden, und bei dieser Beobachtung überkam meinen Geist ganz plötzlich die klare, gesammelte Ruhe der Verzweiflung. Zum ersten Male seit vielen Stunden oder vielleicht Tagen, dachte ich. Ich gewahrte jetzt, dass die Riemen oder Gurte, die mich umschlangen, aus einem einzigen Stück bestanden. Ich war nirgends mit einem besonderen Seile festgebunden. Der erste Schnitt des rasiermesserscharfen Halbmonds würde also meine gesamten Fesseln derart lösen, dass ich sie mit Hilfe meiner linken Hand abwinden konnte. Doch wie gefahrvoll war in diesem Fall die Schärfe des Stahls! Die Folge des geringsten Aufbäumens war der Tod. War übrigens anzunehmen, dass meine Marterknechte jede Möglichkeit nicht vorausgesehen und ihr vorgebeugt hatten? War es wahrscheinlich, dass die Fesseln gerade an der Stelle meine Brust kreuzten, die das Pendel berühren würde? Besorgt, meine schwache und, wie es schien, letzte Hoffnung zerstört zu sehen, hob ich den Kopf so hoch, dass ich meine Brust deutlich überblicken konnte. Die Gurte umwanden Glieder und Körper nach allen Richtungen – nur nicht in der Schnittbahn des zerstörenden Pendels!

...

Seit vielen Stunden wimmelten die Ratten um den niedrigen Holzrahmen, auf dem ich lag. Sie waren wild, frech, zudringlich, ihre roten Augen glühten mich an, als warteten sie nur darauf, dass ich mich nicht mehr rührte, um über mich herzufallen.

An welche Nahrung, dachte ich, mochten sie im Brunnenloch gewöhnt gewesen sein?

Trotz aller meiner Anstrengungen, sie davon abzuhalten, hatten sie den Inhalt meines Speisenapfes bis auf einen geringen Rest aufgezehrt. Ich hatte die Hand unausgesetzt über dem Napf hin- und hergeschwenkt, und schließlich hatte die unbewusste Gleichmäßigkeit der Bewegung diese ihrer Wirkung beraubt. In seiner Habgier hatte das Ungeziefer häufig seine scharfen Zähne in meine Finger geschlagen. Mit den Stückchen des fettigen und stark gewürzten Fleisches, das mir noch geblieben, rieb ich nun die Gurte überall da ein, wo sie mir erreichbar waren; dann zog ich die Hand zurück und lag atemlos still.

Erling Jepsen
Kopfloser Sommer

EIN KLEINER ORT, EINE STUNDE VON KOPENHAGEN ENTFERNT, DÄNEMARK

In dieser Geschichte merkt man schnell, dass irgendwas Schauriges irgendwo lauert. Die 14-jährige Emilie erstellt Collagen mit kopflosen Wesen und liest Schauergeschichten zum Einschlafen. Ihr kleiner Bruder Jacob hat Albträume und inspiriert Emilie so zu ihren Bildern. Und ihr neues Zuhause gibt seltsame Geräusche von sich. Der Roman ist aus Emilies Sicht geschrieben und sie erzählt, wie ihre Eltern sich haben scheiden lassen, wie ihre Mutter eines Nachts einem jungen Mann im Garten eine Beule am Kopf verpasst und wie dieser junge Mann namens Anders danach ihr Gärtner wird.

Anders übernachtet im Gästezimmer und scheint sich wunderbar mit allen zu verstehen. Allerdings flirtet er nicht nur mit der Mutter, sondern auch mit Emilie. Und manchmal hat der kleine Jacob Angst vor ihm. Aber keiner von ihnen ahnt, dass sie wirklich vor ihm Angst haben müssten und warum.

Erling Jepsen hat hier einen irrsinnigen Familienroman mit Horrorsprenkeln erschaffen, der außergewöhnlich schauderhaft und gleichzeitig faszinierend ist.

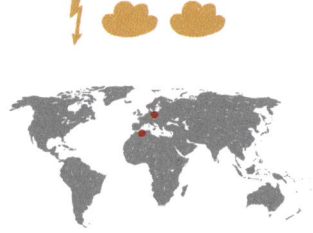

MEHRERE ORTE IN ALGERIEN UND BERLIN, DEUTSCHLAND

Oliver Bottini
Ein paar Tage Licht

Die Welt ist komplex, viele Fragen haben keine klaren Ja-Nein-Antworten und Oliver Bottini vereinfacht nichts in seinem Roman. Er schreibt über große Themen wie die Rüstungsindustrie, über Manager und Politiker, über Totgeschwiegenes und eine unmögliche Liebe. Ja, das alles hat Platz in einem Kriminalroman. Und dazu gibt es noch ein ausführliches Glossar, das auf die intensive Recherche des Autors hindeutet.

Ein deutscher Manager einer Firma, die Panzer herstellt, wird in Algerien entführt. Die Täter dringen in ein bewachtes Gästehaus des Verteidigungsministeriums ein und können daher keine Anfänger sein. Aber weder das BKA noch das Auswärtige Amt haben jemals von den „Vertreibern der Ungläubigen" gehört. Zudem werden einige

Politiker in Berlin nervös, weil sie negative Presse über Waffenexporte vermeiden wollen. Immerhin ist es ein lukratives Geschäft. Schnell wird offiziell Al-Qaida beschuldigt, aber einem BKA-Beamten in Algerien scheint das nicht schlüssig und er ermittelt auf eigene Faust.

„Rüstungskonzerne lernen nicht. Regierungen lernen nicht."

„Menschen lernen."

„Menschen sind irrelevant."

Oliver Bottini verquickt so geschickt die politische Weltbühne mit der Situation in Algerien und dem Schicksal einer algerischen Familie, dass diese Geschichte auch ohne große Actionszenen ein Pageturner ist.

Anhänger von Kriminalromanen mit politisch-gesellschaftlich relevanten Themen kommen bei ihm immer auf ihre Kosten — egal ob man seine Stand-alones oder seine Reihe um die Freiburger Kommissarin Louise Bonì präferiert.

THESSALONIKI, GRIECHENLAND UND HAMBURG, DEUTSCHLAND

▬ Orkun Ertener **Lebt**

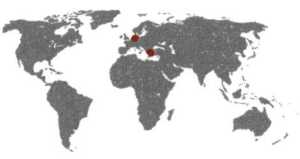

Bei keinem anderen Spannungsroman habe ich so viel gelernt und mich dabei so gut unterhalten gefühlt. Vor dieser Lektüre wusste ich nicht, was Dönme sind, danach hatte ich ein recht ordentliches Verständnis dieser Kultur und ihrer Geschichte. Und die Spannung kommt dabei keineswegs zu kurz.

Can arbeitet als Ghostwriter und schreibt gerade an der Biographie von Anna, einer Ärztin, die einen reichen Medienmogul geheiratet hat. Eine verstörende Nachricht reißt ihn aus der Routine: Es gibt Zweifel, dass seine Eltern wie bisher angenommen bei einem Unfall gestorben sind. Sie sollen einem Verbrechen zum Opfer gefallen sein. Das gleiche Verbrechen, bei dem Annas Vater starb. Getrieben von Zweifel und Neugier reisen Can und Anna nach Thessaloniki, wo das Unheil seinen Anfang genommen haben soll. Sie stoßen auf die Spur einer jüdischen Religionsgemeinschaft, die im 17. Jahrhundert zum Islam übertrat, aber im Geheimen weiterhin ihre jüdischen Traditionen pflegte. Während des Zweiten Weltkriegs wurden die Dönme in Griechenland als Juden verfolgt. Damals entspann sich eine Verschwörung, die Can und Anna heute zu Gejagten werden lässt. Oder um aus dem Roman zu zitieren:

„Weil sich das Böse manchmal nur beenden lässt, wenn man zu ihm hinabsteigt."

Ein starker Roman, der nicht auf schnelle Effekte, sondern auf komplexe Konstruktion und verführerische Erzählweise setzt.

— Mechtild Borrmann **Der Geiger**

20 Jahre lang hat Sascha seine Zwillingsschwester Viktoria nicht gesehen, als sie ihn anruft und um Hilfe bittet. Er fliegt sofort zu ihr nach München, doch bevor er sie sprechen kann, wird sie vor seinen Augen erschossen. Das Einzige, was ihm bleibt, sind Unterlagen von ihr, die er in einem Schließfach findet. Sie zeugen davon, dass Viktoria in der gemeinsamen Familiengeschichte recherchiert hat und auf den Spuren einer Stradivari war, die ihr Großvater besessen hatte.

Auf der Suche nach dem Mörder Viktorias gerät Sascha selbst ins Fadenkreuz. Aber er findet auch viel über seine Familiengeschichte heraus, die beim Lesen sehr an die Nieren geht. Mechtild Borrmann beschreibt die Willkür von Machthabern und das Leben in Straflagern so plastisch, dass dieser Krimi gleichzeitig auch Drama und Historienroman ist. Was diesen Roman neben der Geschichte so außerordentlich macht, ist die klare Sprache, in der sie erzählt wird. Borrmann benötigt keine Übertreibungen und keine Superhelden, um diese packende, düstere Geschichte in unseren Köpfen lebendig werden zu lassen.

„Er nahm den Bogen mit zittriger Hand, und die Hose sackte ihm auf die Füße. Und mit der Hose seine Zuversicht."

DEUTSCHLAND,
RUSSLAND,
KASACHSTAN

Philip Kerr
Die Berlin-Trilogie

Wer Bernie Gunther noch nicht kennt, hat etwas verpasst. Denn keiner führt so spannend und nah an der Historie durch Berlin wie Philip Kerr durch seinen Privatdetektiv Gunther. Am besten beginnt man hier von vorn, mit dieser Trilogie, denn Gunther ist gerade in den ersten Bänden noch ziemlich schnoddrig. Bis zur Fortsetzung hat Philip Kerr 15 Jahre pausiert, dann aber noch zwölf Bände nachgelegt, von denen der letzte 2018 posthum veröffentlicht wurde. Und aus meiner Sicht ist die gesamte Serie großartig.
Im ersten Band beauftragt ein Großindustrieller Gunther damit, wertvolle Diamanten zurückzubringen, die beim Mord an seiner Tochter und seinem Schwiegersohn gestohlen wurden. Gunther muss zusehen, dabei sein eigenes Leben zu schützen, denn allzu leicht steigt er bei seinen Ermittlungen der Kripo, der Gestapo und etlichen Parteigrößen auf die Füße.

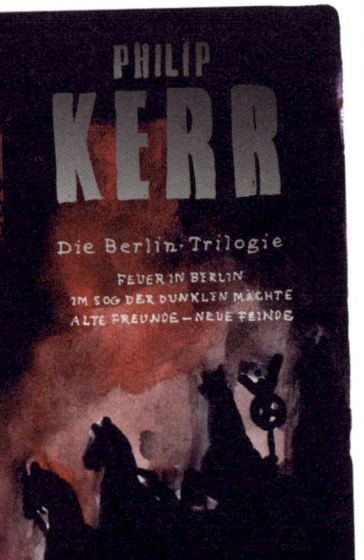

Im zweiten Band sucht Gunther einen Erpresser, um einen Homosexuellen davor zu schützen, der Gestapo in die Hände zu fallen. Dabei gerät Gunther in die Lage, zurück zur Kripo gehen zu müssen, und wird dort darauf angesetzt, einen Serienmörder weiblicher Teenager zu finden.

Wie die beiden Fälle miteinander verbunden sind, verrate ich hier nicht, aber es ist kein Zufall, dass die Geschichte mit der Reichskristallnacht endet.
Im dritten Band nimmt Gunther Ende 1947 einen Fall an, der ihn nach Wien führt. Ein KGB-Oberst bittet Gunther, einen früheren Kripo-Kollegen vor dem Strick zu retten. Dieser wird beschuldigt, einen US-Offizier erschossen zu haben. Und damit ist Gunther mittendrin in der unübersichtlichen Gemengelage der Nachkriegszeit, in der Kriegsverbrecher ungeschoren davonkommen wollen und Geheimdienste sich gegenseitig austricksen.
Das Besondere an dieser Serie ist, wie schnell und fesselnd Philip Kerr uns Leser in die Atmosphäre der Vor- bzw. Nachkriegszeit versetzt.

Basierend auf akribischer Recherche gelingt es Philip Kerr, historische Gegebenheiten mit fiktiven Verbrechen so zu verbinden, dass die Grenze zwischen Realität und Fiktion beim Lesen verschwindet und zurück bleibt noch mehr Neugierde auf das damalige Leben.

BERLIN, DEUTSCHLAND UND
WIEN, ÖSTERREICH

William McIlvanney **Laidlaw**

Wer diesen Autor noch nicht kennt, möge das bitte schnell nachholen. Nicht umsonst sagt Ian Rankin, dass er ohne William McIlavnney wohl kein Krimiautor geworden wäre.

Leider gibt es insgesamt nur drei Romane über Jack Laidlaw, weshalb jeder Satz mit Bedacht und Genuss gelesen sein will, denn so poetisch und philosophisch schreibt kein Zweiter über das düstere Glasgow.

Laidlaw ist bei seinen Kollegen bei der Polizei als Einzelgänger bekannt. Er ist ein wenig schwermütig und weigert sich, einfache Schwarz-Weiß-Antworten zu akzeptieren. Oder wie sein Partner in dieser Ermittlung sagt:

„Laidlaw war ein so komplizierter Mistkerl, dass man in dem Versuch, sich seiner Komplexität anzupassen, unwillkürlich die eigene entdeckte."

Daher ist Laidlaw auch klar, dass er den Mörder einer 17-Jährigen finden muss, bevor es noch mehr Tote gibt. Und er spürt schnell, wer ihm etwas verschweigt, und er ahnt, welche Dramen sich hinter welchen Aussagen verbergen. Dieser erste Band macht Lust auf mehr. Und dabei macht es gar nichts, dass die Reihe schon Ende der 1970er-Jahre erschienen ist, denn dieser wache Blick auf Menschen und ihre Gefühle ist zeitlos.

GLASGOW, UK

OSLO UND UMLAND, NORWEGEN

Jo Nesbø
Schneemann

Für den Fall, dass jemand diese Krimiserie um Harry Hole noch nicht kennt, muss sich das ändern. Und wer die Verfilmung von „Schneemann" gesehen hat und sagt: „Nö, hat mich nicht vom Hocker gerissen", dem stelle ich hiermit den Lesehocker hin. Das Buch ist so, so viel besser. Ehrlich.

Was ist die Faszination dieses Krimis? Der Mix macht's.

Der kalte, dunkle Winter sorgt dafür, dass Angst in der Luft liegt. Die Schneemänner vor den Häusern, aus denen demnächst die Mutter verschwindet, bilden einen fast abartig spielerischen Kontrast zu der Brutalität der Verbrechen. Und der Polizist Harry Hole folgt mit so einer Konsequenz seinem Instinkt, dass niemand sich ihm entziehen kann – weder sein Chef, noch seine Kollegen und schon gar nicht wir als Leser.

Obwohl dies schon der siebte Band der Serie ist, kann man hier aus meiner Sicht prima einsteigen. Aber klar, man kann auch gern von vorne anfangen. Der Suchtfaktor ist so oder so hoch.

DRESDEN, DEUTSCHLAND

Frank Goldammer **Der Angstmann**

„Angst gibt's genug, da braucht's nicht noch den schwarzen Mann zu."

Schauergeschichten bringen Kriminalinspektor Max Heller nicht weiter. Er sucht den Mörder einer Frau, die in einer Werkstatt umgebracht wurde. Und das ist im Winter 1944 in Dresden gar nicht so einfach. Der Gerichtsmediziner wurde an die Front geschickt, Hellers Chef will den Fall in einem Tag gelöst haben und Heller kann niemandem trauen.
Außerdem ist es entsetzlich kalt und Lebensmittelmarken sind knapp. Eine Grippe kann den Tod bedeuten. Aber Heller ist getrieben von einem starken Gerechtigkeitssinn, weshalb er auch nachts durch die Stadt streift und den Mörder sucht. Umso häufiger, nachdem es noch weitere Morde gab - auch in der Bombennacht im Februar 1944.

„Gerade noch hatte er einen Mörder durch die Straßen verfolgt und jetzt gab es diese Straße nicht mehr."

Goldammer versteht es wie kein anderer, Historie spürbar zu machen, indem wir Leser Max Heller durch seinen Alltag begleiten. Mit allen Ängsten vor Denunzierung, Flüchtlingen, dass die eigenen Kinder an der Front sterben und auch mit der vorsichtigen Hoffnung, dass man das Grauen überlebt.

Die beklemmende, bedrohliche Atmosphäre packt einen von Beginn an und fesselt bis zur letzten Seite. Zum Glück ist dies der Auftakt zu einer Serie, denn die Folgebände sind genauso lesenswert.

Donato Carrisi
Der Nebelmann

Einen Tag vor Weihnachten verschwindet ein 16-jähriges Mädchen. Sonderermittler Vogel wird gerufen, der dafür bekannt ist, besonders spektakuläre Fälle zu übernehmen. Zuerst wirkt es unerklärlich, was dem braven, tief religiösen Mädchen zugestoßen sein könnte. Aber je tiefer Vogel gräbt, desto mehr schreckt er die Bewohner auf. Denn etwas Dreck hat wohl jeder am Stecken. Oder wie Carrisi schreibt:

„Das Böse ist der eigentliche Motor jeder Erzählung."

Zu lesen, wie Vogel sein Vorgehen inszeniert, um maximale Aufmerksamkeit der öffentlichen Medien zu generieren, ist beeindruckend und beängstigend zugleich. Und jeder, den Vogel ins Visier nimmt, könnte ein Täter sein oder auch nicht. Diese Unsicherheiten und das ständige Gefühl, noch etwas anderem auf der Spur zu sein, machen diesen Thriller besonders.

Wer düstere Thriller liebt, die in einer Locked-room-Atmosphäre spielen, der bekommt hier höchsten Lesegenuss.

AVECHOT, ITALIEN

Patricia Melo
Der Nachbar

In diesem kurzen, düsteren Roman werden die wüstesten Gedanken wahr, die man gegen einen Nachbarn hegen kann. Vor allem, wenn dieser neue Nachbar ständig Lärm fabriziert. Er geht hin und her, die Schritte dröhnen dem Biologielehrer unter ihm in den Ohren. Noch dazu hört der Lehrer Musik und Lachen und sogar Liebesgeräusche. Er kann nicht mehr schlafen und beginnt, Mordfantasien zu entwickeln.
Aber es bleibt nicht bei den Fantasien, denn Gelegenheit schafft Mörder. Aber wohin mit der Leiche?
Und gleichzeitig verlässt ihn seine Frau.

Dieser Lehrer wird so wunderbar eloquent wahnsinnig, dass sich dieses schmale Büchlein wie im Rausch wegliest. Jeder, der schwarzen Humor liebt, wird sich hieran ergötzen. Und vielleicht ist das für einige ein ganz gutes Ventil, mal Dampf abzulassen, ohne selbst gewalttätig zu werden.

SÃO PAULO, BRASILIEN

Mimis Bonustrack

Sind die Genre-Einteilungen bei Spannungsromanen eigentlich hilfreich oder nicht? Ich frage mich das manchmal, weil zumindest mir nicht klar ist, wo genau die Trennlinien verlaufen. Von einem Krimi erwarte ich, dass ein Verbrechen geschieht und an der Auflösung gearbeitet wird. Ob die Arbeit nun ein Polizist, ein Privatdetektiv, ein Journalist oder sonstwer übernimmt, es wird ermittelt. Bei einem Thriller können wenige oder viele sterben, aber der Schwerpunkt der Geschichte liegt aus meiner Sicht auf der Bedrohung und nicht auf der Ermittlung. Bei einem Noir stirbt meistens auch jemand, aber der Schwerpunkt liegt auf der düsteren Atmosphäre.

Aber wo gehört dann ein düsterer Krimi hin? Wo eine bedrohliche Atmosphäre, in der ermittelt wird? Und es gibt ja auch Romane, in denen der Tod zwar vorkommt, aber fast nebensächlich ist und es ist trotzdem spannend. Ist jeder spannende Roman ein Krimi?

Mir schwirrt da manchmal der Kopf und ich habe den Eindruck, das geht manchen Verlagen bisweilen auch so, wenn sie einfach „Roman" auf die Titelseite schreiben.

Wie stehen Sie dazu? Schreiben Sie mir gerne, ich bin neugierig auf Ihre Ansichten und die Gespräche, die sich daraus ergeben. Meine E-Mail-Adresse ist ganz einfach: krimimimi@me.com.

Cynan Jones
Alles, was ich am Strand gefunden habe

„Greif zu, dachte er. Greif jetzt zu und versuch, etwas daraus zu machen. Sonst stehst du wieder nur da und schaust zu."

Das denkt Hold, aber genauso fühlen auch Grzegorz und Stringer. Alle drei wollen raus aus ihrem Elend. Hold hat seinem besten Freund auf dem Sterbebett versprochen, sich um dessen

WALES, UK

Frau und Sohn zu kümmern. Doch damit sie in ihrem Haus wohnen bleiben können, braucht er Geld. Viel mehr Geld, als er durch das Fischen verdient. Auch Grzegorz braucht Geld. Er hat seinen Bauernhof in Polen aufgegeben und ist mit seiner Familie nach Wales gereist, um hier ein besseres Leben zu führen. Jetzt schuftet er in diesem fremden Land, so viel er kann. Aber der karge Lohn vom Schlachthaus reicht nur für einen Raum, den seine Familie sich mit elf anderen Polen teilen muss. Drei kleine Päckchen scheinen für beide das Tor zu einer besseren Welt darzustellen. Aber auch Stringer ist hinter den Päckchen her und der gehört zu einer Organisation, die keine Gefangenen macht.

Dieser beklemmende Roman beschreibt so eindringlich existenzielle Nöte, das Streben nach Glück und die Verlockung falscher Entscheidungen, dass er noch lange nach der letzten Seite nachhallt.

▬ James Sallis **Driver**

Dieses Buch wurde 2008 mit dem deutschen Krimipreis ausgezeichnet. Inzwischen habe ich es etliche Male gelesen und jedes Mal wünsche ich mir wieder, es würde nicht so schnell zu Ende sein. Aus meiner Sicht ist es übrigens deutlich besser als die Verfilmung, die 2011 auf den Festspielen in Cannes mit dem Preis für die beste Regie ausgezeichnet wurde.

Der Roman legt keine Finten und verliert sich nicht in Nebensträngen, sondern fokussiert sich auf die Hauptperson Driver und wie er die Welt sieht. Er ist der beste Stuntfahrer Hollywoods, ein Perfektionist in jeder Situation. Abseits der Filmsets bewegt er sich immer vorsichtig. Er wechselt alle paar Monate seine Wohnung, zahlt nur bar und hat wenig Bekanntschaften.

„Er lebte ein oder zwei Schritte außerhalb der normalen Welt, weitgehend verborgen, wie ein Schatten, fast unsichtbar."

LOS ANGELES, USA

Das kommt ihm sehr zugute, als er anfängt, Nebenjobs anzunehmen. Er fährt nun mal gerne Auto und testet Limits. Daher lässt er sich von Ganoven anheuern. Er will nichts wissen, außer wann er von wo nach wo zu fahren hat. Er ist verlässlich und wird schnell in der Unterwelt als der beste Fahrer bekannt. Er erledigt seinen Job zügig und lebt unauffällig.

Aber diesmal geht etwas schief. Die Beute ist größer als gedacht, die Ganoven werden getötet. Driver überlebt als Einziger und wird nun gejagt. Er will die Beute zurückgeben und sein Leben zurück, aber der Strippenzieher des Coups hält sich nicht an die Abmachung. Driver heftet sich an seine Fersen und der Weg zum Big Boss ist ein blutiger.

Aus meiner Sicht einer der besten Spannungsromane überhaupt. Sallis erzeugt mit wenig Worten viel Atmosphäre und Tempo. Ein Meisterwerk, das ich weiterhin alle paar Jahre nochmal lesen werde.

Thomas Willmann **Das finstere Tal**

Viele Romane begeistern mich durch ihre Dialoge, aber keiner begeistert mich so wie dieser durch sein Schweigen.

Ein Fremder bahnt sich seinen Weg in ein abgelegenes Tal, will dort überwintern. Aber der Empfang der Einheimischen ist frostig, er wird verspottet. So, so, der Greider ist ein Maler. Seine Goldstücke überzeugen sie schließlich, aber ihr Misstrauen bleibt. Nach und nach gewöhnen sich die Dörfler an den Greider, der sich unauffällig verhält, aber genau hinschaut. Als Leser beobachten wir mit ihm die Gesichtsregungen und Gesten der Dorfbewohner und tatsächlich muss dann nicht viel gesagt werden, um die angespannte Atmosphäre zu transportieren. Es scheint, als ob die Enge des Tals sich auf die Bewohner übertragen hat. Über allem liegt ein düsterer Schatten, ein Geheimnis, aber keiner gibt etwas preis. Zu groß ist die Angst vor dem Brenner Bauern.

„Dort saß die Macht und das Leben."

Aber dann stirbt einer von Brenners Söhnen. Ein Unfall. Oder?

EIN HOCHTAL IN DEN ALPEN

Es kommt nur ganz selten vor, dass ich einen Roman liebe und die Verfilmung perfekt gelungen finde. Bei dieser Geschichte ist dieser Glücksfall eingetreten. Lesen Sie oder gucken Sie oder beides. Aber ziehen Sie sich vorher warm an. Vor allem ums Herz rum.

Klester Cavalcanti **Der Pistoleiro**

Auch dieses Buch habe ich mehrfach gelesen und es dreht sich mir jedes Mal der Magen dabei um. Der Autor ist ein Journalist, der über sieben Jahre einen Auftragsmörder interviewt hat. Herausgekommen ist die wahre Geschichte von Júlio Santana, der 492 Menschen umgebracht hat und dafür nicht ein einziges Mal bestraft wurde.

Júlio sollte Fischer werden. Mit 17 war er zum ersten Mal verliebt und schaute auf zu seinem Onkel Cícero, der Polizist war und in der Stadt lebte. Cícero brachte ihm das Schießen bei, sodass Júlio Wild für die Familie jagen konnte. Aber Cícero manipulierte Júlio auch, nötigte ihn, seinen ersten Mord zu begehen und das Militär bei der Jagd auf Kommunisten zu unterstützen.

> „Es gefiel Júlio nicht, wie der Onkel ihn zum geborenen Mörder erklärte, aber die Vorstellung, ein besonderes Talent zu haben, fühlte sich trotzdem gut an."

So sehr es den gläubigen Jugendlichen auch peinigte, Menschen zu töten, so langsam spürte er den Reiz der Macht und des Geldes. Und er sagte sich ganz praktisch, er könne ja auch nichts anderes gut, außer zu schießen. Seine Frau bat ihn 19 Jahre lang, diesen Beruf an den Nagel zu hängen, dann ging er mit 52 Jahren tatsächlich in den Ruhestand.

Neben den Einblicken in den Kopf eines Auftragsmörders gefallen mir besonders die Kommentare des Übersetzers, die Júlios Sicht hier und da sehr sinnvoll ergänzen.

TOCANTINS, BRASILIEN

HAMBURG UND EIN KELLER IN DER UMGEBUNG, DEUTSCHLAND

Jan Philipp Reemtsma **Im Keller**
Johann Scherer **Wir sind dann wohl die Angehörigen**

1996 wurde Jan Philipp Reemtsma vor seiner Haustür entführt und 33 Tage lang gefangen gehalten. Seine Sicht auf den Ablauf der 33 Tage, seine Gedanken und Empfindungen hat er zwei Jahre später in dem Buch „Im Keller" geschildert. Weil er in diesen Tagen ein anderes Ich war, hat er seine Reflexionen in der „Er-Form" geschrieben. So haben wir Leser etwas mit Jan Philipp Reemtsma gemein: Wir schauen beide auf den gefangen gehaltenen Mann wie auf einen Fremden, der uns trotzdem sehr nahekommt. Schon damals habe ich mich gefragt, wie diese 33 Tage wohl für seine Familie aushaltbar waren, und 20 Jahre später beantwortet Johann Scherer mit seinem Buch „Wir sind dann wohl die Angehörigen" diese Frage ausführlich. Als sein Vater entführt wurde, war er 13 Jahre alt, und als seine Mutter es ihm am 25. März morgens mitteilte, was geschehen war, war er als Erstes erleichtert, dass er die Lateinarbeit an diesem Tag verpassen würde. Gleich danach überkam ihn ein schlechtes Gewissen und das erwischte ihn in den folgenden 33 Tagen öfters. Aber ein 13-Jähriger, der von jetzt auf gleich nicht mehr zur Schule geht, muss ja irgendetwas tun den ganzen Tag - und wenn er mit schlechtem Gewissen im Kino sitzt. Und trotz der ganzen Warterei muss er abends eine halbe Schlaftablette nehmen, um überhaupt Ruhe zu finden. Was nur bedingt gelingt.

„Solche Nächte kennen keine Träume und keine wirkliche Ruhe. Sie sind schwarz und eigentlich kaum da, ihre Erholung ist künstlich. Eine, die den Körper funktionieren lässt und den Geist daran hindert, verrückt zu werden. Aber sie heilen nicht."

Dies sind zwei Bücher, die auf sehr unterschiedliche Art emotional berühren. Sie machen es erlebbar, das Hoffen auf baldige Freilassung, die Verzweiflung über missglückte Geldübergaben, das ewige Warten, die ansteigende Spannung und die Angst, die einfach nicht die Oberhand bekommen soll.

Zum Glück hat Jan Philipp Reemtsma die Entführung überlebt. Die seelischen Wunden, die er und seine Lieben davongetragen haben, kann sich niemand vorstellen.
Wenn ich eine fiktive Geschichte über ein Verbrechen lese, reizt es mich herauszufinden, wer der Täter ist und aus welchen Motiven heraus er so handelt. Bei dieser wahren Geschichte sind Täter und Motiv bekannt und anders als in der Fiktion liegt der Fokus auf den Opfern des Verbrechens.
Aus meiner Sicht ist dies eine sehr bereichernde Horizonterweiterung.

Joe Bausch
Gangsterblues

Über 30 Jahre hatte Joe Bausch mit verurteilten Verbrechern zu tun, denn er war ihr Arzt im Gefängnis. Viele Menschen kennen ihn zudem als Schauspieler und oft hat er nach der Ausstrahlung eines „Tatort" von Gefangenen gehört, diese TV-Geschichte sei ja gar nichts, er solle sich mal deren wahre Geschichte anhören. Das hat Bausch immer mal wieder gemacht und aus dem Gehörten zwölf Geschichten ausgewählt.

Als Krimi- und Zeitungsleserin hört mein Interesse meistens damit auf, dass ein Täter verurteilt wurde. Je schlimmer die Tat, desto länger. In Werl sitzen die ein, vor denen unsere Gesellschaft nach Ansicht der Justiz besonders geschützt werden muss. Also die richtig harten Jungs. Wie deren Alltag aussieht, hat Joe Bausch in seinem ersten Buch „Knast" beschrieben. Wie einige der Insassen über ihre Taten und ihr Leben denken, hat der Autor verfremdet. Aber alles, was wir hier lesen, beruht auf wahren Geschichten.

HOCHSICHERHEITSGEFÄNGNIS WERL, DEUTSCHLAND

Da ist der ehemalige Sparkassenangestellte, der wegen brutalen Mordes in Werl einsitzt und der beständig beteuert, die Tat nicht begangen zu haben. Seine Schwester verschuldet sich hoch, um Anwälte und Gutachten zu bezahlen, die seine Unschuld beweisen sollen. So ein Gefangener ist eher unauffällig, aber es gibt auch andere. Bei denen die Mithäftlinge dafür sorgen, dass ihnen im Fitnessraum eine 20 Kilo schwere Kurzhantel auf die Genitalien fällt. Weil selbst ihnen der „Kollege" zu weit geht, als er seine Partnerin anweist, ihre elfjährige Tochter in einem Porno zu filmen, und den Film an pädophile Insassen verkauft.

Das Gegenteil davon ist der Insasse, der an Krebs erkrankt und jegliche Behandlung ablehnt. Die Strafe, die er sich selbst auferlegt, ist noch härter als die, die das Gericht für ihn vorgesehen hat.

Jede der zwölf Geschichten ist anders, jede hat mich berührt. Nicht, dass ich mit einem Gefängnisarzt tauschen oder die Haftinsassen jemals selbst treffen möchte. Aber der Blick in ihre Gedanken aus erster Hand, wenn auch fiktiv aufbereitet, ist so selten wie interessant.

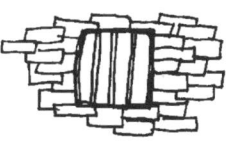

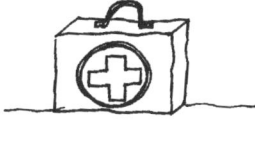

Mimis Bonustrack

Bei jedem Buch, das ich lese, interessiert mich auch der Autor und deshalb liebe ich es, ihn oder sie nach Herzenslust ausfragen zu können. Gelegenheit dazu bekomme ich immer wieder, wenn ich Lesungen moderiere oder öffentliche Interviews führe. Und dabei erfahre ich einiges, was mir lange im Gedächtnis bleibt. Hier kommen einige der Momente, die mich am stärksten beeindruckt haben.

Zum Beispiel habe ich Sebastian Fitzek mal gefragt, ob er keine Angst habe, dass seine Kinder zu früh seine Thriller lesen könnten.

Er antwortete, dass er einige Märchen, die er ihnen abends zum Einschlafen vorliest, deutlich grausamer findet als das, was er schreibt. Zumindest habe er noch keine Kinder in seinen Geschichten lebendig in einen Ofen gesteckt. Mit dem Vergleich hatte ich gar nicht gerechnet und ich dachte nur: Wo er recht hat, hat er recht. So habe ich das vorher nur noch nie betrachtet.

In Hamburg moderiere ich regelmäßig die Krimilesungen in der Buchhandlung einer Freundin, und da ich ihren Geschmack sehr schätze, sind das immer Autoren, auf die ich mich sehr freue. Eine dieser Autoren ist Simone Buchholz, die Krimis ohne Klischees schreibt und diese Haltung auch als Person verkörpert.

Wie keine andere hat sie das während einer Lesung auf den Punkt gebracht, als sie sagte: „Mit einem Penis kann man die Welt nicht reparieren." Ja, Mann sein reicht nicht, um Dinge in der Welt geradezurücken.
Da stimme ich ihr zu, konnte das aber nicht direkt artikulieren, denn genauso wie das Publikum war ich erst mal eine Sekunde lang sprachlos.

2014 habe ich zum ersten Mal für den Hessischen Rundfunk Krimiautoren auf der Frankfurter Buchmesse interviewt und konnte dadurch den finnischen Autor Antti Tuomainen treffen. Gerade war sein neuer Roman „Todesschlaf" erschienen und ich war nach der Lektüre total froh, dass mir die Geschichte gut gefallen hat, denn mit seinem vorigen Roman „Der Heiler" konnte ich nicht viel anfangen. Genauso sagte ich ihm das gleich zu Anfang des Gesprächs und wurde dann kurz unsicher, ob das wirklich so ein gelungener Einstieg war. Er antwortete, dass ihn das sehr freue, denn er versuche, jeden Roman einzigartig zu gestalten und immer andere Leser anzusprechen. Mein Feedback würde ihm bestätigen, dass ihm das gelingt.
Da er zum Ende seines Messebesuchs der Presseleiterin seines Verlags sagte, das Interview mit mir hätte ihm am besten gefallen, glaube ich ihm seine Aussage. Und ich bin immer noch erleichtert, dass ihn meine Meinung nicht verletzt hat.

Andreas Kollender **Kolbe**

Dieser Roman fasziniert mich, weil er so nah an der wahren Geschichte von Fritz Kolbe bleibt und dabei ohne die für Spionage-Thriller übliche Action und Rasanz spannend ist. Während der Lektüre entsteht ein lebendiges Bild von ihm vor dem inneren Auge. Wie er sich immer wieder an die Maxime seines Vaters erinnert:

„Tue das Richtige und habe keine Angst."

Wie sehr ihn die Verrohung der Gesellschaft im Nazi-Deutschland entsetzt, er aber lernt, das für sich zu behalten. Wie er sich Aufstiegschancen im Auswärtigen Amt entgehen lässt, weil er nicht in die NSDAP eintritt, und sich trotzdem eine Vertrauensposition erarbeitet. Wie er die Gelegenheit ergreift, geheime Dokumente an die Alliierten weiterzugeben, und erleben muss, dass der Krieg trotzdem weitergeht.

Jeder, der eine gut erzählte, spannende und wahre Spionagegeschichte schätzt, wird begeistert sein von diesem Buch.

BERLIN, DEUTSCHLAND

UNITED KINGDOM

David Peace **GB84**

Keine Einführung, keine Erklärungen, sondern mitten rein.

Ein Jahr Streik in 53 Kapiteln. 1984/85.

Ein detaillierter Blick auf alle Akteure: Bergarbeiter, Funktionäre, Politiker, Medien, Geheimdienst.
Auf den Juden, den Mechaniker, den Präsidenten, den Mistkerl, Martin und Peter.

Eine Regierung kämpft mit eisernem Willen gegen die Gewerkschaften, um jeden Preis. Es geht ums Ganze, denn dieser Kampf verändert die Gesellschaft.

Macht, Gewalt, Intrige, Korruption, Verschwörung, Manipulation, Hass, Geld, Angst, Überleben.
Szenen. Wechsel. Stakkato.

Ein auf Tatsachen basierender Roman.

Ryan Gattis **In den Straßen die Wut**

Dieser Doku-Thriller hat mich nachhaltig erschüttert. Bitte unbedingt im Buchumschlag zuerst lesen, wie dieses Buch entstanden ist. Wie der Autor dazu kam, erst Latino-Gangmitglieder und dann Polizisten, Feuerwehrleute, Krankenschwestern und viele mehr zu befragen.

Denn diese Geschichte ist mehr ein flammender Bericht als ein Thriller mit dem üblichen Spannungsbogen. Gattis erzählt aus insgesamt 17 Ich-Perspektiven, wie die betreffenden Protagonisten die sechs Tage erlebt haben, in denen sich Los Angeles 1992 im Ausnahmezustand befand. Nach dem Rodney-King-Prozess explodierte die Gewalt. Die nur knapp 8.000 Polizisten waren weit weg, als mehr als 100.000 Gangmitglieder zügellos wüteten. Gattis gibt dem Inferno Gesichter und Geschichten. Er beschreibt, wie Gewalt entgleist und weitere Gewalt nach sich zieht. Wie hilflos die Helfer sind und trotzdem unermüdlich versuchen zu helfen. Für viele geht es ums nackte Überleben. Und es trifft natürlich auch Unbeteiligte wie den Taco-Verkäufer Ernesto, der auf dem Heimweg überfallen, an ein Auto gebunden und zu Tode geschleift wird. Ich schließe mich Gattis an, der schreibt:

„Ich hoffe, der Ausflug dorthin erschüttert Sie, wie er mich erschüttert hat."

LOS ANGELES, USA

André Georgi **Tribunal**

Dieser Thriller ist ein Actionfilm in Buchdeckeln und das hat wahrscheinlich damit zu tun, dass der Autor ein renommierter Drehbuchautor ist. Ihn hat der Jugoslawienkrieg Anfang der 1990er-Jahre schon lange aufgewühlt und daher dreht sich hier alles um das Kriegsverbrechertribunal in Den Haag.

17 Monate hat die Ermittlerin Jasna Brandič gebraucht, um einen Kronzeugen für den Prozess gegen Kovač zu finden. Kovač war der Anführer der Wölfe, einer Eliteeinheit innerhalb der serbischen Armee. Und die Wölfe sind verantwortlich für knapp 4.000 tote Muslime, darunter viele Frauen und Kinder. Brandič ist verantwortlich für den Schutz des Kronzeugen, aber trotzdem wird er kurz vor seiner Aussage getötet und der Prozess scheint damit verloren. Neue Hoffnung keimt in Brandič auf, als sich kurze Zeit später ein möglicher neuer Kronzeuge bei ihr meldet. Kurzerhand fliegt sie nach Belgrad, um ihn zu treffen, und ehe sie sichs versieht, kämpft sie im bosnisch-serbischen Grenzgebiet um ihr Überleben.

Der Autor verschont uns Leser nicht und schildert das Grauen des Krieges und seiner Folgen ausführlich. Angesichts dieser brutalen Szenen schmerzen die Stellen umso mehr, in denen Kovač seine Opfer und die Justiz verhöhnt. Und weil dieser Krieg tatsächlich stattfand, nicht weit von uns entfernt.

VIŠEGRAD AN DER DRINA, AN DER GRENZE ZWISCHEN SERBIEN UND BOSNIEN-HERZEGOWINA UND DEN HAAG, NIEDERLANDE

KANSAS, NEW YORK, CHICAGO, ANNECY, NANTES, IDAHO, LONDON, SAN FRANCISCO

Jérémy Fel **Die Wölfe kommen**

Dies ist ein außergewöhnlicher Thriller, der viel Aufmerksamkeit beim Lesen einfordert, einen dafür aber auch reich entlohnt.

Vieles an diesem Buch ist besonders. Schon sein Aufbau ist ungewöhnlich, denn es besteht aus zwölf Teilen, die wie einzelne Kurzgeschichten erscheinen, sich aber nach und nach miteinander verweben. Der Titel jeder dieser Geschichten ist ein Name und zu Anfang scheinen diese Personen nichts miteinander zu tun zu haben. Schon die Geschichten allein sind voll von Albträumen, Angst, ungezügelter Wut, Boshaftigkeit und sogar Kannibalismus. Aber auch von Liebe, Sehnsüchten, Freundschaft und Empathie. Nach und nach entfaltet sich ein Kaleidoskop des Bösen, das sich wie Zweige eines Baums durch das Leben Einzelner verbreitet.

Ich habe mir beim Lesen ein kleines Bild gemalt und darauf nachvollzogen, wie sich die Handlung entfaltet, wer mit wem wie in Verbindung steht. Bei jeder neuen Verbindung hat sich dadurch das bisher Gelesene noch einmal in einem anderen Licht dargestellt und so habe ich diesen Thriller mehrmals gelesen bevor ich am Ende angekommen bin. Ich kam aus dem Staunen nicht heraus und die Beklemmung in meinem Herzen wurde immer größer. Möge es Ihnen auch so gehen.

Simon Beckett **Die Chemie des Todes**

Auf dem Cover dieses Thrillers sollte stehen: Achtung! Diese Lektüre setzt einen robusten Magen voraus.
Denn wie Dr. David Hunter den Todeszeitpunkt von verwesten Leichen anhand von Maden, Käfern und anderen Organismen bestimmt, wird explizit beschrieben, und je lebhafter die Fantasie des Lesers, desto schwerer ist das zu ertragen. Aber das nehmen sicher viele Thriller-Leser gern in Kauf, weil die Geschichte so fesselnd zu lesen ist, dass zumindest ich sie kaum unterbrechen konnte.
Hunter will seine Vergangenheit abstreifen, zu der gehört, dass er als Experte für forensische Anthropologie gearbeitet hat. Drei Jahre lang hält seine Tarnung als Dorfarzt, bis eine furchtbar zugerichtete Frauenleiche im Sumpfgebiet gefunden wird. Die Polizei braucht seine Hilfe, aber nicht jeder im Ort hält ihn für vertrauenswürdig. Und als eine weitere Frau verschwindet, greifen die Dorfbewohner zur Selbstjustiz. Denn der Täter kann doch auf keinen Fall jemand von ihnen sein, oder?
Nach dieser Lektüre empfehle ich, unbedingt die Folgebände dieser Serie zu lesen. Es sind nicht nur spannende Thriller, sondern man fühlt sich danach, als hätte man en passant einen Grundkurs in Forensik absolviert. Lesen bildet eben.

NORFOLK, UK

Jilliane Hoffman **Cupido**

NEW YORK & FLORIDA, USA

„Cupido" ist ein Justiz-Thriller, bei dem mir immer wieder die Luft weggeblieben ist. Im Mittelpunkt steht die Staatsanwältin C. J. Townsend, die den Ruf hat, 100 Prozent ihrer Fälle zu gewinnen. Aber ihre Professionalität wird auf die Probe gestellt, als sie bemerkt, dass sie im aktuellen Fall persönlich betroffen ist. William Bantling wird vorgeworfen, elf junge Frauen ermordet zu haben. Townsend bemerkt eine Narbe an Bantlings Hand und erkennt ihn dadurch als den Mann wieder, der sie als Studentin eine Nacht lang gefoltert und vergewaltigt hat. Damals konnte der Täter nicht ermittelt werden, umso mehr will Townsend ihn jetzt drankriegen.

> „Statt der Albträume von ihrer Vergewaltigung hatte sie jetzt Albträume von Bantlings Freispruch."

Der Thriller beginnt mit der Schilderung der Nacht, die Townsend so nachhaltig traumatisiert hat. Das sorgt dafür, dass wir als Leser ihre Besessenheit nachvollziehen können, mit der sie ihren Peiniger unbedingt bestraft sehen will. Und das trägt durch die juristischen Wendungen, die Townsend immer wieder in die Quere kommen. Ein blutiger Pageturner, der der Einstieg einer ganzen Serie ist.

Tom Rob Smith **Kind 44**

Aus meiner Sicht gelingt es dem Autor meisterhaft, die düstere Zeit der Stalinära in allen Facetten spürbar zu machen. Das ständige Misstrauen jedem gegenüber. Die Selbstbeherrschung, um ja nicht seine wahren Gedanken und Gefühle zu offenbaren. Die Angst, der Nächste zu sein, der in Ungnade fällt. Denn jedem kann ein Strick gedreht werden und immer sind ausreichend willfährige Zeugen zur Hand, um eine Existenz zu zerstören.
Im Mittelpunkt steht Leo Demidow, der sich zu einem geachteten Geheimdienstoffizier in Moskau hochgearbeitet hat. Nachdem er sich allerdings weigert, seine Frau zu denunzieren, finden sich beide in der tiefsten Provinz wieder und Leo hat einen politischen Feind, der ihn dort verrotten sehen will. Aber Leo verbeißt sich in die Aufklärung eines Kindermordes und ist ab jetzt der Gejagte, der den Mörder stellen will, bevor er selbst gestellt wird.
Dieser Thriller zeigt so ziemlich alle Facetten des Bösen und er ist dabei so düster, dass zumindest ich ihn nicht an einem Stück lesen konnte. Er ist definitiv nichts für zartbesaitete Leser, aber ein Leckerbissen für Hartgesottene.

RUSSLAND

Katja Bohnet **Messertanz**

Dieser Thriller erlaubt nicht viel Luftholen vor lauter Action. Ein harter Stoff, mit viel körperlicher und fast noch mehr seelischer Brutalität. Ausbalanciert wird die Handlung durch sympathische Ermittler und spannend durch gleich mehrere Rätsel, die sie zu lösen haben. Ein kleiner Junge verschwindet vom Spielplatz und keiner der Erwachsenen will ihn gesehen haben. Eine russische Rentnerin wird in ihrer Wohnung ermordet und überall ist so viel Blut, dass es stark nach persönlicher Rache aussieht. Ein Vulkanologe wird nach einem Konzertbesuch attackiert und ausgerechnet von der Sängerin gerettet. Zufall? Zufall auch, dass die beiden ebenfalls russischer Abstammung sind? Rosa Lopez vom LKA nimmt ihren Kollegen Viktor Saizew mit bei ihren Ermittlungen, obwohl der gerade suspendiert wurde. Aber die beiden funktionieren am besten im Team und was sie herausfinden, ist schwer zu ertragen.

„Mit nichts konnte man besser Geld verdienen als mit Verzweiflung und Angst."

Packendes Tempo, sympathische Ermittler, gut erzählte Story — was mehr kann das Thriller-Lese-Herz sich wünschen?

BERLIN, DEUTSCHLAND

LOS ANGELES, USA

Chris Carter **Death Call: Er bringt den Tod**

Wer Thriller von Chris Carter liest, kann sich auf zwei Dinge verlassen: Es geht sehr blutig zu und das Ermittlerduo funktioniert prächtig.

Robert Hunter und sein Partner Carlos Garcia bilden die Ultra-Violent-Einheit des Morddezernats in L.A. und müssen daher ran, wenn es sogar ihren Kollegen zu heftig wird. Diesmal meldet eine junge Frau namens Tanya einen Mord, bei dem sie via Skype zuschauen musste. Der Mörder hatte ihre beste Freundin in der Gewalt und wenn Tanya zwei Fragen richtig beantwortet hätte, hätte der Mörder die Freundin laufen gelassen. Hätte, hätte … Tanya erinnert sich, dass ihre Freundin vor dem Mord mehrere anonyme Drohbriefe erhalten hat. Hunter wundert sich, denn Stalker sind üblicherweise nicht so ausnehmend brutal. Aber was ist schon üblich?

„Das ist jenseits von sadistisch. Jenseits von psychopathisch."

Man muss nicht die vorigen sieben Bände der Serie um Hunter & Garcia kennen, um diesen Thriller zu verstehen und zu verschlingen. Aber wenn man mal auf den Geschmack gekommen ist, gibt es zum Glück mehr davon.

Roger Smith **Stiller Tod**

Die Thriller von Roger Smith sind die erbarmungslosesten, die ich kenne. Schon auf den ersten Seiten stockt mir der Atem und von da an wird es immer nur noch schlimmer. Diese Geschichte beginnt damit, dass in einem Villenvorort Kapstadts die kleine Sunny im Meer ertrinkt. Ihr Vater steht derweil bekifft im Garten, ihre Mutter fummelt mit ihrem Liebhaber rum und nur Vernon Saul beobachtet die Szene. Saul ist ein hinkender Ex-Cop aus den Cape Flats, der anderen Menschen nur hilft, um sie zu zerstören. Er erpresst eine ehemalige Prostituierte, hält seine Mutter gefangen wie eine Sklavin und jetzt schleicht er sich geschickt in das Leben dieser reichen, weißen Familie. Damit kommen zwei extrem unterschiedliche Milieus miteinander in Kontakt und das führt zur Katastrophe. Dieser Thriller verbindet in erschreckender Konsequenz psychische mit physischer Gewalt, und doch geht es hier nicht um blutrünstige Effekte. Denn Roger Smith versteht es, Figuren zu entwickeln, die alle seelisch furchtbar lädiert sind, von denen keine moralisch integer ist und die trotzdem alle in uns Leser reinkriechen. Diese Nähe ist kaum auszuhalten, vor allem, weil man sich mit keiner von ihnen identifizieren mag.

Die ganze Geschichte fasziniert von Anfang an, hat viel Tempo und die Spannung explodiert förmlich zum Schluss. Hart, härter, Roger Smith.

KAPSTADT, SÜDAFRIKA

Lieblingsautor

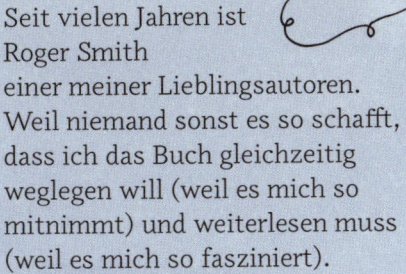

Seit vielen Jahren ist Roger Smith einer meiner Lieblingsautoren. Weil niemand sonst es so schafft, dass ich das Buch gleichzeitig weglegen will (weil es mich so mitnimmt) und weiterlesen muss (weil es mich so fasziniert).

Wie geht es Ihnen? Wer ist Ihr Lieblingsautor? Und von welchen Autoren würden Sie gerne bald etwas lesen?

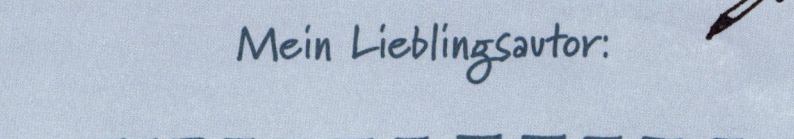

Mein Lieblingsautor:

— — — — — — — — — — — —

Meine Autoren-Wunschliste:

— — — — — — — — — — — —

— — — — — — — — — — — —

— — — — — — — — — — — —

Don Winslow **Tage der Toten**

Don Winslow sagte mal, er hatte gar nicht vor, sich so intensiv mit dem Thema der Drogenkartelle zu beschäftigen. Eine Zeitungsmeldung über ein Massaker in Mexiko habe sein Interesse geweckt und danach habe er angefangen, über das Thema zu lesen und mit Menschen zu sprechen. Die Recherche ließ ihn über fünf Jahre lang nicht los und dann hätte er locker 2.000 Seiten darüber schreiben können. Aber er wollte ja keine Reportage verfassen, sondern einen unterhaltsamen Roman, und das ist ihm gelungen, indem er sich in das Innere seiner Charaktere hineinversetzt hat. Nichts aus diesem Roman ist komplett erfunden, aber er hat den Wahnsinn aus knapp 30 Jahren „War on Drugs" in eine literarische Form gegossen.

Im Mittelpunkt des Geschehens steht Art Keller, ein ehemaliger CIA-Agent, der zur DEA (Drug Enforcement Agency) wechselt und nach Mexiko geschickt wird. Aber er hat seinen eigenen Kopf und seine eigene Methode, Fahndungsergebnisse zu erzielen. Sehr zum Missfallen seines Chefs.

„Für wen arbeiten Sie, Keller? Für die oder für uns? – Für mich, dachte Keller."

Er gewinnt das Vertrauen von Tío, einem Polizeioffizier und Vertrauten des Gouverneurs von Sinaloa, und gemeinsam bekämpfen sie erfolgreich die Drogenbosse. So erfolgreich, dass Tío sich die Reste einverleibt und sich zum Boss der neuen Federación kürt.

Auch Keller steigt auf und befehligt nun einige Mitarbeiter. Als einer von denen allerdings zu Tode gefoltert wird, kämpft Keller nicht mehr nur für Gerechtigkeit, sondern auch, um Rache zu üben. Auf seinem Weg begegnet er unzähligen Dealern, Bossen, Polizisten, Prostituierten - und vielen Toten. Und er legt sich mit jedem an, um seine Ziele zu erreichen.

Das alles mündet in einem furiosen Showdown, aber wie wir aus der Realität wissen: Der Drogenhandel an der US-mexikanischen Grenze floriert wie eh und je.

Kein Wunder, dass sich Don Winslow Jahre später zu einer Fortsetzung entschlossen hat. Zehn Jahre nach dem Erscheinen der „Tage der Toten" wurde „Das Kartell" veröffentlicht. Und 2019 wurde das Doku-Thriller-Epos mit „Jahre des Jägers" zu einer Trilogie.

Nach all den Jahren, die Don Winslow sich mit dieser Thematik auseinandergesetzt hat, sagt er, das Geschäftsmodell könne nur zerstört werden, indem man die Profite eliminiert, also Drogen legalisiert.

Ich kann mir durchaus vorstellen, dass dies nicht geschieht und der Autor eines Tages noch einen weiteren Thriller hinterherschiebt. Aber bis dahin sind die drei umfangreichen Werke ein eindrucksvoller Beweis dafür, dass die Realität letztlich doch die intensivsten Geschichten schreibt.

GRENZGEBIET ZWISCHEN MEXIKO UND DEN USA

Carlo Bonini / Giancarlo de Cataldo
Suburra: Schwarzes Herz von Rom

Dieser fantastisch realitätsnahe Roman über die Mafia wurde erfolgreich verfilmt. Wer verstehen will, wie das Machtgefüge Mafia funktioniert, der ist hier an der richtigen Adresse. Denn einer der Autoren arbeitet als investigativer Journalist, der andere als Richter und beide wissen genau, wovon sie schreiben.

Der Roman spielt im Jahr 2011. Italien steckt tief in der Wirtschaftskrise, Berlusconi tritt zurück und Gier wächst stärker als Moral. Aus der ausufernden Feier eines Politikers entsteht ein Bandenkrieg und nachdem es immer mehr Tote gibt, kniet sich ein Staatsanwalt rein. Er findet heraus, dass gerade ein gewaltiges Bauprojekt vor den Toren Roms entsteht, und kommt unerwarteten Allianzen auf die Spur. Wir Leser blicken in ein Schlangennest aus Korruption, Geldwäsche, Macht und allerlei Verbrechen bis hin zum Mord. Beteiligt an alldem sind Politiker, Würdenträger des Vatikans, Spekulanten, Zigeuner, Prostituierte, Journalisten, Polizisten und natürlich Mafiosi.

Das liest sich atemberaubend spannend und so überzeugend, dass ich oft vergessen habe, einer fiktiven Geschichte zu folgen. Und genau diese Realitätsnähe unterscheidet „Suburra" von Mafia-Epen wie „Der Pate". Deshalb wächst beim Lesen keine Empathie, sondern nur Abscheu, aber das ist mindestens genauso eindrucksvoll.

ROM, ITALIEN

FINNMARK, NORWEGEN UND EINIGE ORTE IN DÄNEMARK

Steffen Jacobsen **Trophäe**

Dieser Thriller ist nichts für Zartbesaitete, weil er sehr brutal ist und zumindest bei mir einige Grenzen überschreitet. Der Privatermittler Michael Sander wird von einer Anwältin angeheuert. Sie hat im Nachlass ihres Vaters einen Film gefunden, auf dem ein Mann erschossen wird. Sie möchte wissen, wer hier alles beteiligt war und ob sie Hinterbliebenen finanziell helfen kann. Sander hat gleich den Verdacht, dass viele der Täter aktive oder ehemalige Soldaten sind. Und da er selbst in Kriegsgebieten war, hat er dort bereits Menschenjagden erlebt und vor allem das gleiche Lied gehört wie das, das die Männer im Film singen. Je weiter Sander in seinen Ermittlungen vordringt, desto mehr braucht er Unterstützung von der Polizei und er kontaktiert die Kriminalkommissarin Lene Jensen. Die ist gerade mit dem Selbstmord eines ehemaligen Elitesoldaten beschäftigt, der sich am Tag nach seiner Hochzeit erhängt hat. Gemeinsam kommen sie der Wahrheit nahe, aber dafür zahlen sie einen hohen Preis.

In diesem Thriller mischen sich Traumata mit Größenwahn und der Lust am Töten und diese Kombination fesselt uns Leser bis zum gewaltigen Showdown auf den letzten Seiten. Wer jetzt auf den Geschmack gekommen ist, der freut sich sicher zu hören, dass dies der erste Thriller um das Duo Sander / Jensen ist und schon einige mehr erschienen sind.

▬ Paul Mendelson **Die Straße ins Dunkel**

Dieser Thriller gefällt mir besonders, weil ich mich am leitenden Ermittler Vaughn de Vries so reibe.

Einerseits strebt er Gerechtigkeit an und verurteilt grundlose Gewalt an Schwarzen, andererseits hält er sich und andere Weiße so häufig für natürlicherweise überlegen, dass nur sein Kollege die Wogen wieder glätten kann. Oder wie es die Rechtsmedizinerin ausdrückt:

„Sagen sie ihm, dass Sie Ihr weißes Opfer vorrangig vor den vier schwarzen Jungs behandelt wissen wollen, die wir hier haben."

Genau das will de Vries, denn der Mord an der Industriellenerbin Taryn Holt ist noch nicht lange her. Und ihre Leiche war genauso hergerichtet wie ein umstrittenes Gemälde in Holts Galerie: Sie lag mit einem Dildo im Mund auf ihrem Bett, um sie herum überall Blut.

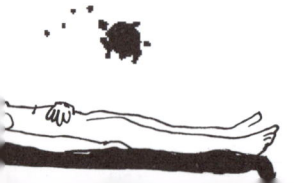

KAPSTADT, SÜDAFRIKA

Holt war reich, ihr Vater hat vom Apartheid-System profitiert und sie tat nur das, was sie wollte, was vielen nicht gefiel. Aber richtig kompliziert wird es für de Vries, als sich herausstellt, dass sie eine Liebesbeziehung mit einem Schwarzen angefangen hatte – ausgerechnet mit dem Sohn eines Helden des Befreiungskampfes, einem Politiker. Und als ob das noch nicht genug wäre, werden auch noch in kurzer Zeit drei Männer tot aufgefunden. Alle drei waren 21 Jahre vorher dabei, als eine schwarze Familie von weißen Polizisten ausgelöscht wurde. Und de Vries hat das damals gedeckt.

Obwohl dies der zweite Band um Colonel de Vries ist, ist er als abgeschlossene Geschichte prima zu verstehen. Aber da die anderen Bände genauso gut sind, empfehle ich gern alle.

KAPSTADT, SÜDAFRIKA

Mike Nicol
Payback

Ein paar der härtesten Thriller werden von südafrikanischen Autoren geschrieben. Und wahrscheinlich berühren mich diese Thriller besonders, weil ich mir gut vorstellen kann, dass die lange Zeit der Apartheid die Gesellschaft so stark beeinflusst hat, dass sie heute noch viel Gewalt auslöst. Ob das tatsächlich so ist, weiß ich nicht. Aber ich weiß, dass die Rache-Trilogie von Mike Nicol mir mehr als eine schlaflose Nacht bereitet hat.

Die Geschichte beginnt mit Mace und Pylon, die Touristen während ihres Südafrikaurlaubs beschützen. Ihre Firma läuft gut und zusammen mit dem, was sie aus ihrer Zeit als Waffenhändler beiseiteschaffen konnten, ziehen sie mit ihren Familien alle paar Jahre in ein besseres Viertel. Aber dann holt sie ihre Vergangenheit ein. Ein Nachtclubbesitzer kennt ein paar schwarze Flecken in ihrer Biografie und fordert, dass Mace den Club gegen bombenlegende Anti-Drogen-Kämpfer beschützt.

Der Club fliegt trotzdem in die Luft und als er nach ein paar Monaten wiedereröffnet, wird Maces Tochter entführt. Es scheint, die Anti-Drogen-Kämpfer meinen es ernst mit ihrer Forderung, dass in dem Club keine Drogen mehr verkauft werden sollen. Und die Anwältin der Organisation scheint es besonders auf Mace abgesehen zu haben. Dabei ist lange weder ihm noch uns Lesern klar, warum. Zusätzlicher Ärger droht, weil Mace die Raten für ein neues Haus über den Kopf wachsen und er sich von einem erneuten Waffendeal schnelles, einfaches Geld verspricht.

Schnell und brutal ist dieser Thriller, aber auch emotional. Denn zu Hause sind Mace und Pylon liebende Familienväter, deren Töchter Ohrlöcher oder einen eigenen Fernseher auf dem Zimmer haben wollen. Also alles ganz normal - trotz all des Wahnsinns drumherum.

Wen dieser Thriller packt, der holt sich am besten direkt die beiden nächsten Bände der Trilogie, und danach gibt es noch die Kapstadt-Serie vom gleichen Autor zu entdecken, die mir genauso gut gefällt.

Anne Holt **Schattenkind**

Ein achtjähriger Junge fällt zu Hause von einer Leiter und stirbt, die Polizei vermutet ein Verbrechen. Aber der ermittelnde Kommissar ist noch unerfahren und er bekommt nur wenig Unterstützung, denn der gesamte Notfallapparat ist beschäftigt mit dem Massaker von Utøya, das am gleichen Tag verübt wird.

Dieser Krimi bringt mich an die Grenze des Grauens, das ich gerade noch aushalte beim Lesen. Der real geschehene Amoklauf von Anders Breivik steht zwar nicht im Vordergrund, aber die Bilder davon sind die ganze Zeit in meinem Kopf. Und parallel zu diesem großen, schwer fassbaren Verbrechen entfalten sich die Details einer fiktiven Familientragödie, die nicht weniger beklemmend sind. Wie unter einem Brennglas werden kleine Sätze und Gesten immer wichtiger und deuten auf mögliche Verbrechen hin, um den schönen Schein einer wohlhabenden, intakten Familie aufrechtzuerhalten.

Habgier, Kindesmisshandlung und sogar Kinderpornografie stehen als Motive im Raum und die Auflösung am Ende verschafft dem Leser kein Gefühl der Erleichterung.

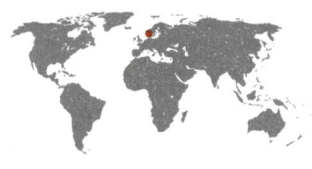

OSLO, NORWEGEN

Sandrone Dazieri **In der Finsternis**

Es gibt wenige Ermittlerduos, die mich mehr faszinieren als Dante Torre und Colomba Caselli. Beide sind traumatisiert und auf ihre Art besonders begabte Ermittler. Torre wurde als Kind entführt und elf Jahre lang in einem Silo gefangen gehalten. Noch heute hat er klaustrophobische Angstzustände, aber er kann auch Menschen lesen wie kein anderer. Caselli wird von Panikattacken geplagt, die auf einen ihrer Einsätze bei der Polizei zurückzuführen sind, weswegen sie noch beurlaubt ist.

Die beiden werden gebeten, eigene Ermittlungen im Fall einer Kindesentführung anzustellen. Die Mutter wurde enthauptet und offiziell steht der Vater unter Verdacht. Dante dagegen findet einen Hinweis, dass sein Entführer nach so langer Zeit wieder aktiv geworden ist und den kleinen Jungen entführt hat. Um jeden Preis will er verhindern, dass der Kleine das Gleiche durchleiden muss wie er selbst.

Von der ersten Seite an fesselt dieser Thriller hochemotional und spannend und spuckt einen erst nach der letzten Seite wieder aus. Völlig durchgeschüttelt will man dann nur eins: den nächsten Band lesen.

ROM, ITALIEN

BERLIN, DEUTSCHLAND

Christian von Ditfurth **Zwei Sekunden**

Genau zwei Sekunden zu spät explodiert eine Bombe, um die deutsche Kanzlerin und den russischen Präsidenten zu erwischen. Bei so hohen Sicherheitsvorkehrungen müssen Profis am Werk gewesen sein. Aber warum haben sie dann die Spitzenpolitiker verpasst?
Eine Taskforce aus Polizei, BKA und Verfassungsschutz soll die Täter aufspüren, ebenso russische Vertraute des Präsidenten. Und separat bittet die Kanzlerin den eigenwilligen Hauptkommissar Eugen de Bodt um Mithilfe.
Die Ermittler setzen sich auf alle verfügbaren Spuren und arbeiten eher taktisch miteinander, während sie tatsächlich versuchen, den jeweils anderen eine Nasenspitze voraus zu sein. Währenddessen geht das Morden weiter und die Erkenntnis wächst, dass es einen Maulwurf in den eigenen Reihen geben muss.
Dieser Polit-Thriller zeichnet sich durch eine glaubwürdige Handlung mit einigen falschen Fährten und viel Tempo aus. Und natürlich durch de Bodt, der als intellektueller Mastermind mit ausgeprägter Spürnase und Sarkasmus fasziniert.

„Wenn man sich auf de Bodt einließ, ertastete man eine neue Welt."

Das wird Ihnen genauso gehen wie de Bodts Kollegen.

Thomas Mullen **Darktown**

Direkt nach dem Zweiten Weltkrieg beginnt ein gesellschaftlicher Umbruch in Atlanta und der zeigt sich unter anderem dadurch, dass die erste Einheit farbiger Polizisten aufgestellt wird. Aber sie sind Polizisten zweiter, wenn nicht dritter Klasse. Sie dürfen nur nachts patrouillieren und sowieso nur im „Schwarzenviertel", eben in Darktown. Ihre Arbeitsplätze sind in einem Keller des YMCA, sie werden von den meisten weißen Kollegen angefeindet und dürfen weder Verdächtige verhaften noch bei Straftaten ermitteln.

Gegen Letzteres verstoßen zwei der acht farbigen Polizisten, weil sie nicht zusehen wollen, wie der Tod einer jungen Farbigen niemanden sonst interessiert. Unter ständiger Gefahr, ihren Job und eventuell auch gleich ihr Leben zu verlieren, fragen sie sich bei Schmugglern, Puffmüttern und anderen zwielichtigen Gestalten durch bis zur Wahrheit. Unterstützung erhalten sie dabei gänzlich unerwartet von einem jungen weißen Officer. Und so verschiebt sich die Front „weiß gegen farbig" ein wenig Richtung „aufrecht gegen korrupt".

Während die Kriminalhandlung wenig Überraschendes zu bieten hat, besticht dieser Roman durch die Atmosphäre und die bildhafte Darstellung des Alltags zu der Zeit.
Und die Relevanz dieser Geschichte ist angesichts der aktuellen „Black Lives Matter"-Forderungen sowieso unbestritten.

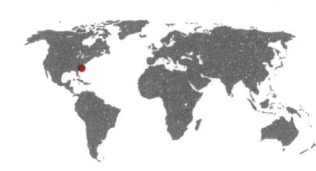

ATLANTA, USA

Mario Puzo **Der Pate**

Francis Ford Coppola als verantwortlicher Regisseur hat einen bemerkenswerten Film aus dem Stoff gedreht, keine Frage. Das Buch hat allerdings einen entscheidenden Vorteil: Es ist 639 Seiten lang und damit dauert das Vergnügen beim Lesen deutlich länger als beim Gucken.

Und ein Vergnügen ist es heute wie bei Erscheinen des Buches vor 40 Jahren, in die mafiösen Machenschaften der Familie Corleone reingesogen zu werden. In die Aura der Macht, der Selbstherrlichkeit, aber auch der maßvollen, geschäftlichen Betrachtung von Provokationen, des Anstands, der Loyalität.

NEW YORK, USA

„Freundschaft ist alles. Freundschaft ist mehr als Talent. Sie ist mehr als die Regierung. Sie ist fast ebenso viel wie die Familie."

Aber es gibt natürlich auch Verlockungen zum Verrat, ein wachsendes Drogengeschäft, konkurrierende Mafiafamilien. Die Regeln sind einfach: Wer sich für den Don aufopfert, wird belohnt, wer sich ihm widersetzt, wird bestraft. Die Männer kämpfen, die Frauen beten derweil. Diese Klarheit und Prinzipientreue verhilft Vito Corleone dazu, vom einfachen Einwandererkind zu einem der mächtigsten Mafiabosse Amerikas aufzusteigen. Und dabei ein Imperium zu schaffen, das auch nach seinem Tod weiterlebt.

Jean-Claude Izzo
Die Marseille-Trilogie

Als Jugendliche waren Fabio, Ugo, Manu und Lole untrennbar. Aber nachdem bei einem Überfall auf eine Apotheke etwas gehörig schiefging, zerstreuten sie sich. Jahre später kommt Ugo zurück nach Marseille, weil Manu ermordet wurde, und rächt ihn. Doch das kostet auch sein Leben und übrig bleibt Fabio, der inzwischen Polizist geworden ist und zumindest die Hintergründe erkunden will. Dabei gerät er zwischen die Fronten von Mafiosi und Rechtsextremisten und lebt auch nicht ungefährlicher, als er im zweiten Band die Polizei verlässt und einen verschwundenen 16-jährigen Jungen sucht. Im dritten Band wird Fabio vom Jäger zum Gejagten, weil die Mafia über ihn an eine investigative Journalistin herankommen will, die brisantes Material über die organisierte Kriminalität zusammengetragen hat. Diese rasante Trilogie muss man unbedingt als Ganzes lesen, denn dann entfaltet die heimliche Hauptperson ihre volle Kraft: die Stadt Marseille. Ein Schmelztiegel für viele Kulturen, der zu viel Gewalt führt. Eine Stadt mit wunderschönen Plätzen und Häusern, in denen vielfältige kulinarische Köstlichkeiten duften. Und in der gleichen Stadt wachsen rechtsnationale Tendenzen und die Polizei gibt sich in manchen Vierteln gleich ganz geschlagen.

„In Marseille muss man sogar kämpfen, um zu verlieren."

MARSEILLE, FRANKREICH

VORORT VON EAST LONDON, SÜDAFRIKA

Max Annas
Die Mauer

Dieser Thriller ist einer der wenigen, die mich von Anfang an in ihren Bann ziehen und erst nach der letzten Seite wieder vom Haken lassen. Ein junger Schwarzer namens Moses sucht in der Gated Community „The Pines" Hilfe, da sein Auto den Geist aufgegeben hat. Er weiß, dass einer seiner Kommilitonen in „The Pines" lebt, aber ein Haus sieht darin aus wie das andere und er findet einfach nicht das richtige. Moses weiß allerdings nicht, dass gleichzeitig ein schwarzes Paar auf Einbruchstour in „The Pines" ist und dass die privaten Sicherheitsleute ihn für den Einbrecher halten. Moses bemerkt nur, dass er gejagt wird, und flieht. Hat Angst vor den weißen Männern, die allzu gerne Schwarze töten. Und auch von der Polizei erwartet er keine Hilfe. Also rennt er, er rennt und hechtet um sein Leben. Immer wieder wird er angegriffen, dabei will er einfach nur raus aus „The Pines".

Die Jagd auf Moses bleibt auch dem Einbrecherpaar nicht verborgen, die wegen des hohen Aufkommens an Sicherheitsleuten das Haus nicht verlassen können, das sie gerade erfolgreich durchwühlt haben. Zu ihrem Entsetzen haben sie dabei eine Frauenleiche in der Gefriertruhe gefunden. Daher wollen sie unbedingt weg, bevor die Besitzer wiederkommen.

Annas lässt diese Situationen Seite für Seite eskalieren, sodass man nicht anders kann, als atemlos zu lesen und mitzufiebern. Zu Recht hat er für diesen Roman 2017 den Deutschen Krimipreis erhalten.

Krimipreise

Laut Wikipedia gibt es momentan 52 Krimipreise und sicher existieren noch einige mehr. Es freut mich immer für jeden Autor, der nominiert und geehrt wird, und bei einigen Preisen schaue ich immer gleich neugierig, wer auf den Listen steht. Besonders schmunzle ich, wenn die MIMI verliehen wird. Haben doch der Preis und mein literarischer Avatar „Krimimimi" den gleichen Ursprung, nämlich das Lied von Bill Ramsey „Ohne Krimi geht die Mimi nie ins Bett". Daher freut es mich besonders, dass bei der MIMI jeder mit abstimmen kann, denn die MIMI ist ein Krimi-Publikumspreis. Die Abstimmung startet immer im Herbst für die Preisverleihung im Folgejahr.

Besondere Aufmerksamkeit gebe ich darüber hinaus noch den Nominierten und den Preisträgern vom Edgar Allan Poe Award und vom Deutschen Krimipreis. Da entdecke ich immer wieder Schätze, die mir vorher entgangen waren.

Welche Krimipreise kennen und schätzen Sie?

Andreas Pflüger **Endgültig**

Mein großes Faszinosum in diesem Thriller ist Jenny Aaron. Als einzige Frau in einer Spezialeinheit, die immer dann auf den Plan tritt, wenn die GSG 9 zu viel Staub aufwirbeln würde, ist sie in jeder Hinsicht außergewöhnlich. Denn sie ist nicht nur bildhübsch, kämpft wie eine Ninja und schießt wie der Teufel, sondern sie ist auch blind. Das klingt sehr nach Superwoman und genau dies könnte die einzige Schwäche des Thrillers sein. Ist es aber aus meiner Sicht nicht, weil es dem Autor gelingt, Aaron fühlbar zu machen. Und eine so außergewöhnliche Ermittlerin braucht einen außergewöhnlichen Bösen als Widersacher, genauso wie Holmes nur komplett ist mit Moriarty. Dieser Bösewicht heißt Ludger Holm und er lockt sie in seine Fänge. Dabei kommt eine Gefängnispsychologin ums Leben und ein ganzer Schulbus mit allen 30 Insassen wird in Geiselhaft genommen.

Aaron geht aufs Ganze und wir Leser können erst nach der letzten Seite wieder ausatmen. Ein Action-Thriller, der nach einer Fortsetzung schreit — die es glücklicherweise auch schon gibt.

BERLIN, DEUTSCHLAND

FRANKREICH UND NAHER OSTEN

▃ Daniel Silva **Die Attentäterin**

Eigentlich kann man bei keinem der Bände um Gabriel Allon einen falschen greifen, und diese Reihe gibt es immerhin schon seit 2001. Die Kombination aus politischen Machenschaften, Action und Allon ist einfach immer gut. Allon ist nicht nur der beste Agent im israelischen Dienst, er ist zudem auch ein begnadeter Restaurator alter Gemälde und als Typ gleichzeitig Gentleman und Haudegen.
In diesem 16. Fall werden in Paris und Amsterdam schwere Attentate verübt. Allon unterstützt seine internationalen Freunde und findet heraus, dass ein gewisser Saladin hinter den Anschlägen steckt, der zum IS-Netzwerk gehört. Kurzerhand wirbt Allon die französische Ärztin Nathalie an, bildet sie zur Agentin aus und schleust sie in das Netzwerk ein.

Über viele Seiten wird beschrieben, wie Nathalie lernt, sich in ihrer neuen Identität zurechtzufinden. Das könnte langatmig sein, hat mich aber von der Thematik her fasziniert und zudem meine Spannung angeheizt. Reicht eine so kurze Vorbereitungszeit, um in einem so brisanten Umfeld nicht aufzufliegen?

Aus meiner Sicht ist dies ein außerordentlich spannender Polit- und Agenten-Thriller. Er macht es sich nur darin etwas einfach, dass er die Welt klar in Gut und Böse einteilt. Wen das nicht stört, der findet hier beste Unterhaltung.

DÄNEMARK

Jens Henrik Jensen
Oxen – Das erste Opfer

Dieser Thriller hat alle Zutaten, die mich begeistern: Charaktere, die man erst im Lauf der Zeit einschätzen kann. Eine Handlung, die immer verzwickter wird. Und ein Thema, das mich umtreibt.

Im Mittelpunkt steht Niels Oxen, ein hochdekorierter Elitesoldat und Kriegsveteran. Von Albträumen geplagt lebt er mit seinem Hund im Wald. Er hat sich von der Gesellschaft verabschiedet und will nur noch seine Ruhe. Die wird allerdings empfindlich gestört, als ein hochrangiger Diplomat unter seltsamen Umständen stirbt und Oxen unter Verdacht gerät. Im Schlossgarten finden sich Oxens Fußabdrücke, aber die Polizei findet keine ausreichenden Beweise gegen ihn. Um Licht ins Dunkel zu bringen, bietet der dänische Geheimdienst Oxen an, für ihn inoffiziell und unorthodox zu ermitteln. Oxen nimmt an, obwohl er vermutet, das Bauernopfer spielen zu sollen. Aber lieber spielt er vorn mit, als sich hinten herum passiv ausbooten zu lassen.

Auf was Oxen dann stößt, bringt aber selbst ihn an seine Grenzen. Denn die Frage ist, wer lenkt diesen Staat wirklich? Aus meiner Sicht ist dies ein sehr gelungener Mix aus Polit- und Action-Thriller. Und wem es gefällt, der wird sicher auch die nächsten Bände der Trilogie gierig verschlingen.

Marc Raabe
Schlüssel 17

Dieser Thriller bietet alles, was ich mir wünsche: eine spannende Handlung, in der sich Zusammenhänge erst nach und nach erschließen, und ein Ermittlerpaar mit zwei interessanten Figuren. Tom Babylon vom LKA kann nicht anders, als im Fall der ermordeten Ex-Bischöfin Riss zu ermitteln. Nicht nur, weil sie schlimm zugerichtet am Kreuz in der Domkuppel hängt, sondern vor allem, weil sie einen Schlüssel um den Hals trägt. Den gleichen Schlüssel hatte Tom seiner kleinen Schwester knapp 20 Jahre vorher gegeben, bevor sie für immer verschwand. Mitsamt dem Schlüssel, den er auf dem Grund eines Kanals neben einer Leiche gefunden hatte. Die Spuren des Schlüssels führen zu Verbrechen in der DDR-Zeit, in eine psychiatrische Privatklinik und vor allem zeigen sie, welche Auswirkungen die damaligen Ereignisse auf die Akteure noch heute haben. Gut, dass Tom die Psychologin Sita an seiner Seite hat. Auch wenn er erst spät merkt, was für ein gutes Team die beiden abgeben. Der Autor zündet hier ein wahres Feuerwerk an bedrohlichen Situationen und würzt dies mit zeitlichen Rückblenden und einer Menge Perspektivenwechsel. Am Ende hat man viele Auflösungen und ein paar bleibende Fragezeichen im Kopf und erwartet sehnsüchtig die Fortsetzung.

BERLIN, DEUTSCHLAND

LONDON, UK

▬ Oliver Harris **London Underground**

Dies ist zwar schon der zweite Band um DC Nick Belsey, aber mir gefällt er besonders gut, weil ich vor dieser Lektüre keine Ahnung hatte, wie ausgefeilt das Tunnelsystem unter der britischen Hauptstadt ist und wie akribisch sich die Stadt in den 1980er-Jahren auf einen Atomschlag vorbereitet hat. Dieser Realitätsbezug hat mich mehr und mehr schaudern lassen und ich habe nach der Lektüre eine Menge anderer Quellen zu diesem Thema gelesen. Dabei beginnt alles ganz harmlos: Durch Zufall entdeckt Belsey in Belsize Park den Eingang zu einem Bunker aus Zeiten des Zweiten Weltkriegs. Er findet dort Stockbetten, Medikamente und Alkohol und erfährt von seinen Kollegen, dass in London einige solcher Bunker stehen.

Fasziniert lädt er seine Flamme Jemma dort unten zu einem Rendezvous ein, aber das endet abrupt mit der Entführung von Jemma. Belsey kann diesen Vorfall nicht offiziell melden, weil der Zutritt zum Bunker verboten ist. Also sucht er sie auf eigene Faust und entdeckt neben einem komplexen Tunnelsystem ausführliche Pläne, wie die Elite Londons im Ernstfall während des Kalten Krieges gerettet werden sollte. Er stößt auch auf einen britischen Sowjetspion und etwas, das er auf keinen Fall ans Licht holen soll.

Das Einzige, was diesem Thriller aus meiner Sicht fehlt, ist eine Zeichnung, damit man beim Lesen die Orientierung in den Tunneln nicht verliert. Aber ich wollte nach der Lektüre sofort nach London fahren und nachgucken, ob es die ganzen versteckten Eingänge zu den Bunkern tatsächlich gibt.

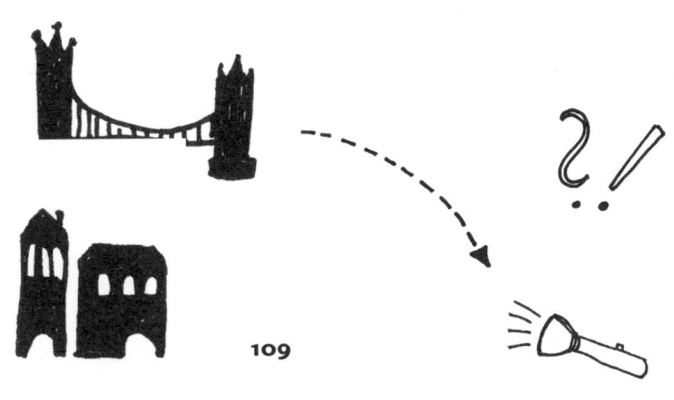

Candice Fox
Crimson Lake

Wie gut, dass ein deutscher Verlag diese australische Schriftstellerin gefunden und ihre Bücher für uns übersetzen ließ. Uns wären sonst Thriller entgangen, die mit ungewöhnlichen Konstellationen und knallharten Themen punkten. Ihre Hades-Trilogie ist sehr lesenswert und mir gefällt die Reihe um Ted Conkaffey sogar noch besser.

Ted ist Polizist in Sydney, bis er verdächtigt wird, ein 13-jähriges Mädchen entführt und missbraucht zu haben. Die Beweise gegen ihn reichen nicht für eine rechtliche Verurteilung, aber für eine gesellschaftliche allemal. Er verliert seinen Job und seine Familie, geht ins Outback und arbeitet dort mit einer Privatdetektivin, die eine Mörderin ist.

CRIMSON LAKE IN QUEENSLAND, AUSTRALIEN

Gerade unterstützen sie die lokale Polizei bei einem Doppelmord, als plötzlich der Vater der 13-Jährigen in Conkaffeys Wohnung steht und Vergeltung sucht. Conkaffey bleibt nichts anderes übrig, als den wahren Täter zu finden, um sich zu entlasten.

Die Geschichte an sich ist schon spannend und sie wird dazu noch brillant erzählt. Immer wieder springt die Handlung zwischen Conkaffey, seiner Detektiv-Partnerin und dem Tagebuch des Vergewaltigers hin und her und das sorgt dafür, dass man das Buch nicht aus der Hand legen kann. Man kann es gut verstehen, ohne den ersten Band der Serie gelesen zu haben. Aber wer hier einmal angefixt ist, wird sicher so viel wie möglich davon wollen.

TOKIO, JAPAN

▬ Christoph Peters **Das Jahr der Katze**

In diesem Roman knallt einiges aufeinander. Die deutsche Kultur auf die japanische und die Moderne auf die Tradition.

„Ich werde alle Finger behalten."

Das hat Onishi zumindest fest vor. Ja, er hat in Berlin drei Polizisten und acht Mitglieder der vietnamesischen Mafia getötet und er versteht, dass diese Aktion aus Sicht seines Yakuza-Bosses ein wenig aus dem Ruder gelaufen ist. Aber obwohl er jetzt zurück in Tokio ist, will er sich der alten Tradition nicht beugen, mit einem abgehackten Fingerglied seine Entschuldigung anzubieten. Er sucht Rat bei seinem alten Lehrmeister Harada, der die Werte der Samurai-Tradition vertritt.

Ein Großteil des Romans ist aus der Perspektive dieses Meisters geschrieben, der den Verfall von Disziplin und Prinzipien mit großer Sorge betrachtet. In den anderen Teilen folgen wir der Flucht von Onishi und seiner deutschen Freundin Nikola und den Fragen, die Nikola über dieses fremde Land hat.

Am allerbesten gefallen mir jedoch Kleinigkeiten wie die, dass der Auftragskiller Onishi zur Entspannung Fruit Ninja spielt.

USA, VOR ALLEM WASHINGTON UND NORDKOREA, VOR ALLEM PJÖNGJANG

D. B. John **Stern des Nordens**

Allein die bedrückende Atmosphäre in Nordkorea mit seinen Zwangslagern, Hunger und der gottähnlichen Verehrung von Kim Jong-il macht aus dieser Geschichte einen Thriller.

Dazu kommt die CIA-Agentin Jenna, die nicht glauben will, dass ihre Zwillingsschwester vor zwölf Jahren in Südkorea ertrunken ist. Stattdessen bekommt Jenna Hinweise, dass Nordkorea systematisch Ausländer ins Land verschleppt hat, und ist sich sicher, ihre Schwester ist eines von diesen Opfern.

Über die persönlichen Geschichten von Jenna, der Bäuerin Frau Moon und dem Parteifunktionär Cho steigt man beim Lesen tiefer und tiefer in das Leben in Nordkorea ein. Faktisch hat man dort nur die Wahl, arm oder tot zu sein, und die einzige Frage ist, wie verbringt man die Zeit bis dahin. Das ist packend geschrieben, die Geschichten der drei Hauptfiguren verweben sich immer enger miteinander und am Ende kommt es zu einem filmreifen Showdown. Wie Frau Moon fragt man sich beim Lesen mehrfach:

„Ziegenscheiße und Hühnerkacke! Ich überlebe das hier?"

Und das i-Tüpfelchen ist der Anhang, in dem der Autor beschreibt, auf welchen Fakten sein Roman basiert.

Jeffery Deaver
Der Giftzeichner

Bei diesem Ermittlerpaar wird man nie enttäuscht. Lincoln Rhyme ist forensischer Wissenschaftler und unterstützt regelmäßig Amelia Sachs, die beim NYPD arbeitet. Wobei Sachs Rhyme lediglich digital zu Tatorten mitnehmen kann, denn Rhyme ist vom Kopf an abwärts gelähmt.

Und so sieht Rhyme zu, wie sich Sachs von starken klaustrophobischen Ängsten geplagt durch einen engen unterirdischen Tunnel quält, bis sie vor der Leiche einer jungen Frau steht. Der Täter hat ihr mit Gift ein Wort auf die Bauchdecke tätowiert und daher ist den Ermittlern klar, dass es noch weitere Opfer geben wird. Und tatsächlich gibt es noch mehrere Opfer, bis die Worte einen Sinn ergeben. Und der hält eine weitere Überraschung parat. Wie bei allen Bänden dieser Reihe geht es zumindest mir so, dass ich vor der Auflösung nicht selbst draufkomme, obwohl ich alle Hinweise und Ermittlungsschritte akribisch mitverfolge.

Aber Rhyme ist und bleibt ein Genie.
Das ist bester Thriller-Schmökerstoff und man kann problemlos bei jedem Band einsteigen.

NEW YORK, USA

SIEBENHOCH, IN DER NÄHE DER BLETTERBACHSCHLUCHT IN SÜDTIROL, ITALIEN

Luca D'Andrea
Der Tod so kalt

So neu ist die Geschichte an sich nicht: Ein Fremder kommt in ein Dorf, beginnt Fragen zu stellen und läuft gegen Wände. Das Besondere an diesem Roman ist, dass alles ein wenig bunter und lauter ist.

Denn ausgerechnet ein amerikanischer Drehbuchautor landet in diesem Dorf in Südtirol. Während eines Drehs überlebt dieser Jeremiah Salinger nur knapp einen Lawinenabgang und hört dabei „die Stimme der Bestie". Während er sich davon erholt, bemerkt er, wie Leute hinter vorgehaltener Hand über das „Massaker vom Bletterbach" reden. Dabei sind vor 30 Jahren während eines großen Unwetters drei Jugendliche gestorben und sie waren bestialisch zugerichtet. Salingers Neugier ist geweckt, und weil er so wenig Antworten erhält, läuft seine Fantasie auf Hochtouren. Hat er nur die Eismassen knarren gehört oder haben in der Schlucht prähistorische Wesen überlebt?

Hier prallt die kreative Energie eines Autors, der in filmischen Szenen denkt und der die Gegend wie seine Westentasche kennt, auf eine kleine, verschlossene Gemeinschaft und das Ganze explodiert natürlich in einem kolossalen Ende.

Mimis Bonustrack

Lieblings-buchhandlungen

Buchhandlungen sind immer die besten Orte, um Neues zu entdecken, mit Gleichgesinnten zu plaudern und vielleicht auch dabei einen Regenschauer zu verpassen.
Noch lieber als Buchhandlungen habe ich nur Krimi-Buchhandlungen. Jedes Mal, wenn ich dort durch die Regale stöbere, fühle ich gleichzeitig das Glück, wie viele noch unentdeckte Geschichten dort schlummern, und die Verzweiflung, dass ich es einfach nicht schaffe, alles zu lesen, was mich interessiert.
In vielen Städten gibt es Krimi-Buchhandlungen und ich kenne nur einige wenige davon, aber die hier sind mir besonders ans Herz gewachsen:

„Die Wendeltreppe" in Frankfurt am Main ist eine der ältesten Krimi-Buchhandlungen in Europa und ich habe einige Jahre in der Nähe gewohnt.
Über sie habe ich meinen ersten Blog-Artikel geschrieben, in ihr hat das ZDF-Team ein kleines Porträt über mich gedreht. Und hier findet man wirklich für jeden Geschmack etwas, weil die Damen nicht nur aktuelle Spannungsliteratur führen, sondern auch ein Antiquariat,

und gefühlt jedes Buch gelesen haben. Man kann also nach Herzenslust stöbern, nach Empfehlungen fragen oder sich an den regelmäßigen „Krimivorstellungs"-Abenden inspirieren lassen.

Von Frankfurt zog ich nach München und glücklicherweise wieder in die Nähe einer Krimi-Buchhandlung. Monika Dobler führt seit Jahren mit viel Engagement das „glatteis" und bietet neben viel Expertise auch Lesungen in ihren Räumlichkeiten an. Und nicht zu vergessen jedes Jahr ein herrlich entspanntes Sommerfest samt Autorenlesung. Falls man es mal nicht persönlich in ihr Geschäft schafft, kann man ihre aktuellen Tipps per Newsletter bekommen. Und sie hat am gleichen Tag wie ich Geburtstag. Kein Wunder, dass ich mich bei ihr immer wie zu Hause fühle.

Von München bin ich dann nach Hamburg gezogen und ich schwöre, dass ich mir meine Wohnung nicht danach aussuche, welche Buchhandlungen in der Nähe sind. Aber auch hier habe ich wieder ins Schwarze getroffen, denn nur wenige Minuten von meinem Zuhause entfernt liegt „Jussi – mein skandinavisches Krimi-Buch-Café".
Die grundentspannte Besitzerin mit rheinisch-fröhlichem Gemüt liest und verkauft nicht nur skandinavische Krimis für Erwachsene, sondern auch ausgewählte Kinderbücher. Außerdem backt sie die leckersten Kuchen, am Sonntag gibt es Waffeln und zum „Tatort" ein Abendbrot. Auch bei ihr finden regelmäßig Lesungen statt. Der kleine Laden ist genauso ein Tausendsassa wie Bianca Jarske - die netterweise auch auf „Frau Jussi" hört.

Nicholas Searle **Verrat**

Dieser Thriller erzählt so spannend und persönlich vom irischen Bürgerkrieg, wie es keine Reportage und keine Dokumentation schafft. Das könnte daran liegen, dass der Autor selbst für einen Geheimdienst gearbeitet hat.
Francis und Bridget leben im Grenzgebiet zwischen Irland und Nordirland. Ihr Alltag ist trist und geprägt von Gewalt, denn Francis ist ein loyaler Kämpfer für die IRA. So loyal, dass er dafür tötet und sogar seinen Bruder verrät, der für die Briten spioniert.

„Angst war in seiner Währung das Kleingeld, Tod und Gewalt waren die großen Scheine."

Die Ehe zwischen Francis und Bridget hat längst schon alle Liebe verloren, aber auch Bridget ist loyal. Loyal zu Francis und sie will für die beiden ein anderes Leben. Daher lässt auch sie sich vom britischen Geheimdienst anwerben und verrät sogar ihren Ehemann.

Der reale Konflikt, der noch nicht allzu lange her ist, wird hier spürbar gemacht durch den Blick auf das Innere seiner Akteure. So viel Trostlosigkeit, Einsamkeit und Hoffnungslosigkeit berührt und schwingt am Ende der letzten Seite noch nach.

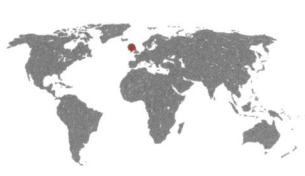

IRLAND UND NORDIRLAND

Horst Eckert **Der Preis des Todes**

Von einem Polit-Thriller möchte ich Action und Realitätsnähe und beides findet sich hier zuhauf. „Der Preis des Todes" wirft Schlaglichter auf TV-Talkshows, Politiker, Flüchtlingslager und die Pharmaindustrie und bietet neben diesen aktuell relevanten Themen auch noch Figuren, die im Lauf der Geschichte immer interessanter werden. Herz, was willst du mehr?
Als der Politiker Christian Wagner stirbt, begibt sich nicht nur die Polizei auf Spurensuche, sondern auch seine Freundin Sarah Wolf. Denn entgegen dem ersten Anschein hat Wagner keinen Selbstmord begangen und er hinterlässt einige Spuren, die nach Afrika führen. Parallel wird er beschuldigt, von der Pharmaindustrie zu sehr beeinflusst gewesen zu sein. Und er scheint eine junge Frau gekannt zu haben, die drei Tage vor ihm gestorben ist. Wolf bekommt Zweifel, ob ihr Freund wirklich der Mensch war, den sie in ihm gesehen hat. Als TV-Talkshow-Moderatorin und Journalistin hat sie die Möglichkeit, diesen Spuren nachzugehen, und sie begibt sich auf eine Recherchereise in das größte Flüchtlingslager der Welt.

Scheint die Story zu Beginn noch von Stereotypen geprägt zu sein, gewinnt sie rasch an Vielfalt und Tiefe, verwebt sich geschickt ineinander und lässt einen nicht mehr los.

**DÜSSELDORF & BERLIN,
DEUTSCHLAND UND KENIA**

BERLIN, DEUTSCHLAND

Yassin Musharbash **Radikal**

Dieser ausgezeichnete Polit-Thriller hat viele gut ausgewählte Zutaten: einen Jugendlichen, der selbst gebastelten Sprengstoff vertickt, einen BKA-Ermittler, der es sich manchmal etwas zu einfach macht, einen Terrorexperten, der in einige extremistische Zirkel vorgedrungen ist, hochrangige Politiker, die abseits des Scheinwerferlichts ihre eigene Agenda verfolgen, und einen Vorzeigepolitiker mit Migrationshintergrund, der einem Bombenattentat zum Opfer fällt.

Der Verdacht fällt schnell auf Al-Qaida, schließlich gab es ein Bekennervideo im Internet. Aber der Terrorexperte und eine Mitarbeiterin vom getöteten Abgeordneten Lutfi Latif werden auf andere mögliche Täter aufmerksam. Schließlich hat Latif vor seinem Tod auch von Nazis und fanatischen Islamgegnern Hassmails erhalten. Unterstützt werden die beiden von einer Journalistin, aber in deren Redaktion spielt nicht jeder mit offenem Visier.

Besonders wird diese Geschichte dadurch, dass sie hinter Klischees guckt und auch die leisen Zwischentöne erzählt.

Kristina Ohlsson
Papierjunge

Zwei zehnjährige Jungen verschwinden auf dem Weg zum Tennisunterricht. Sie gehören zur gleichen jüdischen Gemeinde wie eine Erzieherin, die nur wenige Stunden vorher erschossen wurde. Die schwedische Polizei setzt ihr erfolgreiches Ermittlerteam Alex Recht und Fredrika Bergman auf die Verbrechen an. Die beiden finden nach und nach immer mehr Spuren, die nach Israel führen. Und zu einem alten Mythos vom Papierjungen, der nachts kommt und sich kleine Kinder schnappt.
Besonders wird die Geschichte dadurch, dass sich gleichzeitig ein Mossad-Agent in Stockholm aufhält. Und der ist auch noch der Vater der Kinder von Eden Lundell, der Chefin der schwedischen Sicherheitspolizei Säpo. Eden entwickelt sich in dieser Serie so langsam zu meiner Lieblingsfigur, weil sie so familienorientiert und gleichzeitig geheimnisvoll ist.

Obwohl dies der fünfte Krimi mit Alex und Fredrika ist, ist er ohne Vorkenntnisse gut verständlich. Ich gehe aber davon aus, dass jeder wie ich nach der letzten Seite sofort den nächsten Fall lesen möchte. Und auch dies ist eine Serie, in der sich über die Zeit die Privatleben der Ermittler interessant verändern. Es spricht also nichts dagegen, einfach direkt von vorne mit „Aschenputtel" zu beginnen.

STOCKHOLM, SCHWEDEN UND ISRAEL

Dennis Lehane **In der Nacht**

Dieser Roman musste einfach verfilmt werden. Lehane hat die Gabe, so zu erzählen, dass man sofort mitten in der Geschichte ist und diese wie ein Kinofilm vor dem inneren Auge abläuft. Die Klamotten der 1920er-Jahre, der Lärm in Spielhöllen und Speakeasys, ausgestoßene Drohungen und Prügeleien.

Zugegeben, es gibt einige gute Gangsterromane und dieser hier erzählt keine außergewöhnliche Geschichte. Aber es ist eine sehr gute Geschichte und was sie wirklich besonders macht, sind die Dialoge und der leicht ironische Erzählton.

BOSTON UND FLORIDA, USA

Es geht um Joe Coughlin, der auf die schiefe Bahn gerät, obwohl er der Sohn eines hochrangigen Polizisten ist. Oder gerade deswegen? Er legt sich nur leider mit dem Falschen an, als er sich in Emma verguckt, die Geliebte des Gangsterbosses von Boston.

> „Emma musterte ihn mit einem dieser Blicke, der frisch aufgetragenen Dachteer zum Erstarren gebracht hätte."

Es geht nicht gut aus für Joe, aber im Gefängnis knüpft er neue Kontakte und geht danach nach Florida, wo er sich mit illegalem Rumhandel zu Zeiten der Prohibition einen Namen macht. Aber wer in kriminellen Kreisen Erfolg hat, hat Feinde, und zudem macht er sich wieder angreifbar, indem er sein Herz an eine andere Frau verliert. Das ist viel Stoff, der mit viel Tempo erzählt wird, uns Lesern die Charaktere ins Herz pflanzt und der nebenbei die USA der 1920er- und 1930er-Jahren lebendig werden lässt.

Garry Disher
Gier

Es gibt viele Romane über die Guten und über Gute mit bösen Seiten. Es gibt auch Romane über die Bösen, die aus gutherzigen Gründen böse sind. Und dann gibt es die Romane von Garry Disher über Wyatt.

Wyatt ist Berufskrimineller und das schlicht und ergreifend, um sein Leben zu finanzieren. Verbrechen sind sein Job. Inzwischen gibt es dabei leider zwei Nachteile aus seiner Sicht: Erstens gibt es immer mehr Plastikgeld und die Sicherheitsmechanismen haben zunehmend komplizertere Hightech-Spielereien. Zweitens reichte es früher, alle zwei Jahre ein großes Ding zu drehen, und in der Zeit bis zum nächsten Coup konnte man gut von dem erbeuteten Bargeld leben.

MELBOURNE, AUSTRALIEN

Heute muss Wyatt viele kleine Deals annehmen und ist dabei leider auf die Kooperation mit Amateuren angewiesen. Wie bei diesem Versicherungsbetrug. Wyatt hat dem Cowboy-Punk Sugarfoot genau eingebläut, was er tun soll. Die alte Haushälterin buchstäblich zu Tode zu erschrecken gehörte nicht dazu. Wieder ein Deal geplatzt. Und Sugarfoot eine Lektion erteilt. Zum Glück bahnt sich direkt danach ein größerer Coup an. Aber wieder gibt es nur wenig Vorbereitungszeit und zudem sinnt Sugarfoot auf Rache.

Das wirklich Verrückte an dieser schnörkellosen Serie ist, dass man als Leser Wyatt wünscht, davonzukommen, obwohl er wahrlich kein Sympathieträger ist. Und das nicht nur in „Gier", sondern auch in allen Folgebänden.

Jeong Yu-jeong
Sieben Jahre Nacht

SERYONG-SEE UND ANDERE ORTE IN SÜDKOREA

Sieben Jahre lang ist Sowon mit seinem Onkel auf der Flucht. Über 20 Mal hat er die Schule gewechselt, aber immer hat es nur kurze Zeit gedauert, bis er erkannt wurde und die beiden sich wieder auf die Reise machten. Denn mit dem Sohn des „Seemonsters" möchte niemand etwas zu tun haben. Als Sowon elf Jahre alt war, hat sein Vater ein Mädchen getötet und dann auch gleich noch ein halbes Dorf, als er die Schleusen eines Stausees öffnete. All das steht schon in den ersten Kapiteln, und trotzdem lohnt sich das Weiterlesen sehr, denn wie die Autorin selbst im Nachwort treffend schreibt:

„Von der Welt zwischen den Tatsachen und der Wahrheit handelt dieser Roman."

Die Tatsachen sind schnell erzählt. Die Entdeckung der Wahrheit dahinter ist eine Reise durch verschiedene Perspektiven und Rückblenden bis tief in die Seelen der Protagonisten. Ihre Namen sind für deutsche Leser ungewohnt, aber mit ihren Ängsten, Nöten und Hoffnungen werden sie uns schnell vertraut. Meisterhaft lässt die Autorin alles ineinanderfließen, steigert die Spannung kontinuierlich und führt in ein überraschendes, überzeugendes Ende.

Federico Axat **Mysterium**

ÜBERALL UND NIRGENDS, ARGENTINIEN

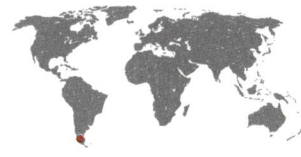

Dieser Thriller ist wie ein Trip, bei dem Sie nicht wissen, was wahr und was Wahn ist. Durchlebt die Hauptperson Ted einen Albtraum? Oder ist er krank und hat vielleicht Halluzinationen? Und warum taucht immer wieder ein Opossum auf?
Der Geschäftsmann Ted möchte sich gerade erschießen, als es an der Tür klingelt und ein Mann namens Lynch ihm einen Deal anbietet: Wenn Ted zwei Leute umbringt, wird er im Gegenzug von einem Fremden erschossen. Der eine ist ein Krimineller, der seiner Strafe durch einen Justizirrtum entkommen ist. Der zweite ist jemand, der sich selbst umbringen wollte. Mord ist für die Familie aber einfacher zu verkraften als Selbstmord. So könne die Gemeinschaft der Selbstmörder etwas Gutes tun.
Ted willigt ein und tötet den Kriminellen. Aber im Haus des anderen Selbstmörders kommen ihm Zweifel. Ist Lynch wirklich ehrlich zu ihm?
Auf diesen Thriller müssen Sie sich einlassen. Streichen Sie alle Erwartungen und freuen Sie sich am Unerwarteten. Bilden sich auf den ersten 100 Seiten noch viele Fragezeichen in Ihrem Kopf, dann lösen sich diese danach langsam auf. Aber trauen Sie nicht gleich jeder angebotenen Lösung. Es könnte eine Finte sein.

André Mumot
Geisternächte

Es ist Nacht, als Kathi aufwacht und Geräusche in der Küche hört. Und das Messer auf dem Tisch, das hat sie dort nicht hingelegt. Sie vermisst ihren Bruder, der im Koma liegt.
Es ist Nacht, als Sophie ihren Bruder in ihrem Zimmer sieht, mit einer kreuzförmigen Wunde auf der Stirn. Nur dass dieser Bruder tot ist.
Es ist Nacht, als Propst Hein eine Kellertür öffnet, für die es offiziell gar keinen Schlüssel mehr gibt, und ein kleines Mädchen an ihm vorbeilaufen will.
Was ist wahr, was Halluzination oder Traum? So ganz weiß man das nie bei diesem Thriller. Kathi und Sophie suchen Täter und lüften beängstigende Geheimnisse. Und das alles mitten in Berlin, in dem überall Wahlkampfplakate hängen, diskriminierende Hetze salonfähig wird und die Elster ... ja, die Elster.

„Die Elster kommt aus dem Totenreich zu uns, sie bringt die Botschaften."

BERLIN, DEUTSCHLAND

Marc Elsberg **Blackout**

Wenn der Strom ausfällt, dann geht er morgen wieder an. Oder? Aber was, wenn er in mehreren Ländern Europas zeitgleich ausfällt? Und nicht mehr angeht?
Das kann gar nicht passieren? Nach der Lektüre dieses Thrillers denken Sie darüber vielleicht anders.

Was mit ausgefallenen Ampeln und einem Autounfall beginnt, findet seine Fortsetzung im Ausfall von Geldautomaten, Benzinpumpen, Wasserspülungen und führt zu Hamsterkäufen, Plünderungen, Chaos. Schnell zeigt sich, wie international verwoben nicht nur die Stromnetze sind, sondern auch Alltägliches. Reisen wird fast unmöglich, Menschen stranden überall und können nicht einmal mehr telefonieren.

Ein italienischer Informatiker vermutet gezielte Manipulationen an intelligenten Stromzählern und verschafft sich Gehör bei Europol. Es folgt eine rasante Jagd durch Europa, immer bedroht vom atomaren Super-GAU durch Probleme bei der Notstromversorgung und begleitet von Misstrauen und Ungläubigkeit.

> „Und dann, langsam, ganz langsam würde zuerst einer, und dann immer mehr, erkennen, dass die Zeit der Geschichten zu Ende war, weil die Geschichte selbst neu geschrieben wurde."

GANZ EUROPA, BESONDERS ITALIEN, NIEDERLANDE, BELGIEN, DEUTSCHLAND, FRANKREICH UND SPANIEN – UND AUCH EIN BISSCHEN VOM REST DER WELT

Hideo Yokoyama 64

Die Begeisterung für diesen Roman kam bei mir langsam, aber sicher. Man nehme viel Zeit, Aufmerksamkeit und den Willen, sich auf eine andere Welt einzulassen, und darf als Belohnung „Mitbewohner" einer Polizeiwache sein.

Mikami ist mir in den über 700 Seiten am meisten ans Herz gewachsen. Als voriger aktiver Ermittler und jetziger Pressesprecher will er beide Welten enger miteinander verbinden und partnerschaftlicher mit den Journalisten zusammenarbeiten. Aber der angekündigte Besuch des Generals fordert Mikami an allen Fronten. Zum einen droht die Presse mit einem Boykott und zum anderen bekommt Mikami kaum Informationen, warum der General kommt. Offiziell möchte er einen Appel verlautbaren, bevor ein ungelöster Fall mit dem Codenamen „64" verjährt. Damals wurde ein junges Mädchen entführt und trotz Lösegeldzahlung umgebracht. Doch es scheint einen weiteren politisch motivierten Grund zu geben, den einige Kollegen aus dem Polizeipräsidium unterstützen und andere verhindern möchten. Mikami versucht, diesen wahren Grund für den Besuch herauszufinden, und wird zum Spielball zwischen Verwaltungs- und Ermittlungskollegen im Revier. Dazu treibt ihn die Sorge um seine Tochter um, die vor drei Monaten spurlos verschwunden ist.

Wer eine Zeit lang mitleben will im leisen und doch dramatischen Alltag eines Polizisten in Japan, der ist hier genau richtig.

PRÄFEKTUR D, JAPAN

Dan Chaon **Der Wille zum Bösen**

Dieser Roman ist eher ein Familiendrama als das, was sich die meisten unter einem Thriller oder Krimi vorstellen. Der Autor steigt tief hinab in die Seelen seiner Figuren und zeigt deren Verlorensein in der Handlung genauso wie in seiner Schreibweise. Abgebrochene Sätze, parallele Erzählebenen in Spaltenform und Emojis - die eigene Vorstellung ist gefordert, aber ein paar Ungewissheiten bleiben bis zum Ende.

Die Familie, um die es geht, ist die des Psychologen Dustin Tillman. Vor 27 Jahren wurden seine Eltern ermordet und seine Aussage hat dazu geführt, dass sein Adoptivbruder Russell dafür ins Gefängnis kam. Doch nun entlastet eine DNA-Auswertung Russell. Wer war dann der Mörder? Vielleicht sogar Dustin selbst? Auf jeden Fall kann Dustin immer weniger zwischen Wahn und Wirklichkeit unterscheiden. Er beginnt, einem Patienten zu glauben, dass ein Serienmörder Studenten ertränkt, und verliert dabei den Kontakt zu seinen Söhnen. Er merkt nicht mal, dass einer seiner Söhne heroinabhängig wird.

Mit den Charakteren zusammen begibt sich der Leser in die Irrgärten von Erlebnissen, Gedanken und Erinnerungen und wechselt dabei mit den kurzen Kapiteln zwischen Erzählperspektiven und Zeit hin und her. Zurück bleibt ein beklemmendes Gefühl.

USA, VOR ALLEM NEBRASKA UND OHIO

Einzlkind **Billy**

Wie wächst jemand auf, der sich mit 19 entscheidet, Auftragsmörder zu werden?

Warum tötet Billy nur Mörder?

Kann ein Auftragsmörder auch ein leidenschaftlicher Philosoph sein?

Warum zum Teufel spielt er Bingo in Las Vegas?

Und wer ist „Einzlkind"?

Lesen Sie den Roman „Billy", wenn Sie die Antworten interessieren. Aber wie im wahren Leben bleiben manche Fragen offen.
Wer sich zur Abwechslung von all den harten Thrillern mal bei einem nachdenklich-unterhaltsamen Roman über einen Kriminellen entspannen möchte, der ist hier richtig. Genauso wie alle, die „eigentlich keine Krimis lesen". Denn auch die werden Billy zustimmen, wenn er sagt:

„Das Böse ist menschlich. Seit Anbeginn."

DUFFMORE, SCHOTTLAND (EIN WENIG) UND LAS VEGAS, USA

Elmore Leonard **Road Dogs**

Für mich gehört zu diesem Buch ein Sundowner und Meeresrauschen. Das ist die perfekte Atmosphäre, um diese lässigen Dialoge wirken zu lassen, und ganz von alleine formt sich dann beim Lesen ein Film vor meinem inneren Auge. Haben Sie „Schnappt Shorty" gesehen oder „Out of Sight" mit George Clooney? Bleiben Sie in der Stimmung, denn hier geht die Geschichte weiter. Foley, der legendäre, charmante Bankräuber, sitzt mal wieder im Knast. Hier wird er zum besten Kumpel von Cundo, der ausreichend Geld beiseitegeschafft hat. Da Road Dogs einander helfen, bezahlt Cundo Foley eine super Anwältin, die seine Strafe pulverisiert. Und nachdem Foley wieder frei ist, lässt Cundo ihn auch in seinem Haus wohnen. Foley soll ein Auge auf Cundos Frau haben, aber die hat seit seiner Einbuchtung eigene Pläne geschmiedet.

Das Beste an dieser Gangstergeschichte ist die Lässigkeit im Sound.

Da muss gar nicht allzu viel passieren (tut es im Übrigen auch nicht), und doch mag man das Buch nicht weglegen, weil es dazu einlädt, den Leuten, die uns immer vertrauter werden, zuzugucken und über den trockenen Humor zu schmunzeln.

FLORIDA & MIAMI, USA

Harry Kemelman **Am Freitag schlief der Rabbi lang**

„Ich bin nicht aus der Segen spendenden Branche."

So charmant lehnt Rabbi David Small es ab, an der Feier zu einem Regatta-Auftakt teilzunehmen. Er lässt sich einfach nicht gern instrumentalisieren, auch wenn es seinem Ansehen im Ort nützen würde. Denn auf dem Gelände der Synagoge wurde eine tote Frau gefunden und ihre Handtasche lag im Auto des Rabbis. Und der Rabbi hat kein wasserdichtes Alibi für die Tatnacht. Das haben allerdings einige andere Bewohner des kleinen Orts auch nicht.

Geschult im logischen Argumentieren bespricht Rabbi Small den möglichen Tathergang und die möglichen Verdächtigen immer mal wieder mit dem Polizeichef und nimmt sich dabei nicht aus, was dem Polizisten imponiert. Und auch ich lasse mich gern von dem scharfen Verstand des Rabbis zum Mitknobeln verleiten. Da in den 1960er-Jahren deutlich weniger Technik als heute zur Verfügung stand, ist es viel schwieriger, einige Möglichkeiten auszuschließen, was aus meiner Sicht den Reiz des Rätsellösens noch erhöht. Nebenbei lerne ich einiges über jüdische Traditionen und schmunzle über den feinen Humor.

Zum Glück folgen auf „Am Freitag schlief der Rabbi lang" noch weitere elf Bände dieser Krimi-Unterhaltung vom Feinsten.

BARNARD'S CROSSING, USA

Gil Ribeiro **Lost in Fuseta**

FUSETA, PORTUGAL

Dieser Krimi verbindet die Lust auf Urlaub in Portugal mit der Frage, wie unterschiedliche Menschen einander ergänzen können. Denn der Hamburger Leander Lost mit Asperger-Syndrom und landet im Zuge eines Europol-Austauschprogramms an der Ostalgarve.
Das neu zusammengestellte Polizeiteam muss sich also nicht nur mit unterschiedlichen Mentalitäten auseinandersetzen, sondern auch damit, dass Leander Lost immer die Wahrheit sagt. Womit Lost bei taktischen Aktionen schnell ungewollt seine Kollegen sabotiert.
Aber dann erkennen die Portugiesen, wie Lost ihnen mit seinem fotografischen Gedächtnis bei der Suche nach dem Mörder eines Privatdetektivs helfen kann, und gleichzeitig mit der Aufklärung ihres Falls werden sie zu einem guten Team.

Ich habe ein Faible für Leander Lost, der so aufrichtig ist, so loyal, talentiert und gleichzeitig so unsicher und einfach in seiner Umgebung nicht auffallen möchte. Schön, dass „Lost in Fuseta" der Auftakt einer Serie ist. Und ich bräuchte für diesen Krimi die Kategorie Warmherzigkeit, in der er die volle Punktzahl erreicht.

BERLIN, DEUTSCHLAND

Karl Wolfgang Flender
Helden der Nacht

Bryan Auster liebt klassische Detektivgeschichten. Er hat sie alle gelesen, deren Helden sind seine Helden. Klar freut er sich, seinen Vater in der Detektei zu vertreten, als der krank wird. Aber dann ist es gar nicht so cool, nachts Häuser zu beobachten, deren Bewohner wohl einfach schlafen. Viel einfacher ist es, seinen Freund und IT-Nerd Kenny eine Dating-Website hacken zu lassen und dadurch direkt zu wissen, wer mit wem wann fremdgeht.

Jetzt brummt das Geschäft, aber das bringt auch Gegner mit sich. Und Bryan gerät noch mehr in Gefahr, als er bei einer Observation in einen Mord stolpert.

Dieser Roman ist ein heißer Ritt durch die Neuzeit, in dem sich die leicht angestaubte Detektivbranche zurechtfinden muss. Auster und seine Kollegen treffen auf Detektiv-Apps, New Economy und viele Arten von Liebe und schlagen sich bei all dem ganz wacker. Gewürzt wird das Ganze durch die leicht zynische Kommissarin McCollum.

Mehr Popkultur mit vielen literarischen Anspielungen als Krimi, aber als solches brillant und eine große Lesefreude auch für alle, die normalerweise keine Krimis lesen.

KLEINER ORT IN EINER BUCHT DIREKT AM MEER, WO OBRADIN BASARIĆ FISCHHÄNDLER IST

Sascha Arango
Die Wahrheit und andere Lügen

„Ich bin ein grundschlechter, völlig bedeutungsloser Mensch, glaub mir."

Da spricht Henry Hayden schon mal die Wahrheit aus und dann glaubt ihm keiner. Alle halten ihn für einen grundanständigen Schriftsteller, dessen Werke internationalen Ruhm erreicht haben und der sich zwar materiell einiges leistet, aber längst nicht so viel, wie er könnte. Niemand ahnt, dass seine Frau Martha jede Zeile dieser Romane geschrieben hat und Henry ein Hochstapler ist. Der noch dazu seit Jahren seine Frau betrügt. Er vergnügt sich mit vielen Frauen, seit etlichen Jahren auch mit seiner Lektorin Betty. An all dem möchte er nichts ändern, aber dann eröffnet Betty ihm, dass sie schwanger ist. Und Henry greift zu einer ungewöhnlichen Methode, um sich von Betty zu trennen: Er schubst sie mit seinem Auto von einer Klippe. Aber dabei geht etwas schief und von nun an balanciert Henry auf noch dünnerem Eis, immer haarscharf pendelnd zwischen Wahrheit und Lüge.

Diese Geschichte strotzt nur so vor schwarzem Humor. Sie schlägt einige Kapriolen und folgt nicht immer den strengen Regeln der Logik. Aber sie unterhält ungemein gut und das ganz anders, als man es von einem Krimi erwartet.

Joyce Carol Oates
Pik-Bube

NEW JERSEY, USA

Antti Tuomainen **Die letzten Meter bis zum Friedhof**

Mit diesem Roman wurde der „King of Helsinki Noir" zusätzlich zum „King of Noir Comedy". Denn dies ist ein Krimi mit viel schwarzem Humor und Kreativität, der einen Schuss Lebensweisheit enthält, und nicht zuletzt ist er ein bisschen ein Liebesroman – zumindest eine Erinnerung daran, das Leben zu lieben.

Gleich zu Beginn kommt ein Doppelschocker: Die Hauptfigur Jaakko erfährt beim Arzt, dass er bald an einer seltenen Vergiftung sterben wird. Jaakko fährt wie benommen nach Hause zu seiner Frau, aber statt sein Leid mit ihr teilen zu können, erwischt er sie in flagranti mit einem Arbeitskollegen. Woraufhin er realisiert:

> „Die Wahrheit ist, dass ich in absehbarer Zeit nicht nur tot, sondern auch obdachlos sein werde."

In der ihm verbleibenden Zeit will Jaakko herausfinden, wer ihn vergiftet hat, und seine Firma so aufstellen, dass das Geschäft ohne ihn gut weiterfunktioniert. Und hierfür zeigt er neue Verhaltensweisen, die seine Umwelt mehr als erstaunen.

Dieser Krimi erzählt thematisch schwere Kost auf so leichte Weise, dass man süchtig wird.

HEVOSHAKA, FINNLAND

Jörg Maurer
Unterholz

Wie gehen eigentlich Auftragskiller mit den zunehmend ausgefeilten Ermittlungstechniken und DNA-Nachweisen um? Ist doch klar, sie besuchen ein Fortbildungsseminar, und das möglichst weit weg von neugierigem Publikum, also auf einer Alm. Und diese Alm bietet so viel Privatsphäre, dass sogar ein deutscher Papst sie schon besucht hat. Der „Knollnasige".

Aber wie reagiert eine Gruppe Auftragskiller, wenn die berühmteste von ihnen bei genau diesem Seminar getötet wird? Klar, sie verschwinden. Das können sie ja besser als viele andere Menschen. Und natürlich hat niemand bei der Buchung seinen richtigen Namen angegeben.

Kommissar Jennerwein hat es also besonders schwer bei dieser Mordermittlung, und das ist so hinreißend witzig zu lesen, dass ich mir nicht sicher bin, wer mehr Spaß hat: wir Leser oder der Autor.

GARMISCH-PARTENKIRCHEN, DEUTSCHLAND

Donald E. Westlake **Fünf schräge Vögel**

1 Smaragd | 5 Ganoven | 6 Überfälle

Warum braucht es so viele Versuche? Weil die Pläne nur bis fast zum Schluss gut funktionieren, dann geht regelmäßig etwas schief. Vielleicht liegt das daran, dass der Kopf der Bande nach einem Bier benannt wurde: Dortmunder. Es ist allerdings auch nicht ganz einfach, in ein Gefängnis und ein Polizeirevier einzubrechen. Aber der Smaragd ist immer zum Greifen nah und beim nächsten Mal bekommen sie ihn sicher. Denken sie. Auf jeden Fall können die Männer nicht lockerlassen, bis der Smaragd in ihren Händen ist. Oder um es mit Dortmunder zu sagen:

„Entweder kriege ich diesen Smaragd, oder dieser Smaragd kriegt mich."

Dies ist eindeutig die lustigste Krimikomödie, die ich kenne. Das liegt zum einen an den wahnwitzigen Überfällen, aber genauso an den spleenigen Charakteren und den markigen Sprüchen. Denn merke:

„Man sollte nicht auch von dem Kakao trinken, durch den man gerade gezogen wurde."

NEW YORK, USA

Miriam Semrau, Jahrgang '71, liest und liebt von Kindesbeinen an spannende Geschichten. Seit Jahren empfiehlt sie Krimis, Thriller und Noirs in ihrer Sendung „Krimi mit Mimi" in hr2 kultur und auf ihrem Blog krimimimi.com. Zusätzlich moderiert sie Lesungen, unter anderem bei den Krimifestivals in Hamburg, Lüneburg und Braunschweig. Ihr Alias „Krimimimi" ist bei ihr Programm, denn ohne Krimi geht diese Mimi wirklich nie ins Bett.

Franziska Misselwitz

Die Hamburger Illustratorin und Grafikdesignerin liest gerne Bücher und liebt es, sie zu gestalten. Für sie verbirgt sich hinter jedem Buchdeckel eine eigene kleine Welt, die auf ihre besondere Art illustriert werden möchte. Franziskas Arbeit beginnt immer mit vielen Skizzen und einem Konzept – sie entwickelt eine Idee davon, wie diese Welt aussehen könnte und auf welchem Weg sie dort hinkommt. Erst dann beginnt sie zu zeichnen, zu basteln, zu collagieren, zu scannen oder zu fotografieren – Franziska schöpft aus all diesen Methoden und liebt die Abwechslung, die die Gestaltung von Büchern mit sich bringt.

Bibliografie

Arjouni, Jakob: Die Kayankaya-Romane. Diogenes Verlag, Zürich, Zitat Seite 8
Higashino, Keigo: Verdächtige Geliebte. Klett-Cotta, Stuttgart | Ani, Friedrich: Süden und das heimliche Leben. Droemer Verlag, München, Zitat Seite 10 | Shaw, William: Abbey Road Murder Song. Suhrkamp Verlag, Berlin, Zitat Seite 11 | Kutscher, Volker: Der nasse Fisch. Verlag Kiepenheuer & Witsch, Köln | Weiler, Jan: Kühn hat zu tun. Rowohlt Verlag, Hamburg, Zitat Seite 13 | Dicker, Joël: Die Wahrheit über den Fall Harry Quebert. Piper Verlag, München, Zitat Seite 15 | Horowitz, Anthony: Das Geheimnis des weißen Bandes. Insel Verlag, Berlin | Christie, Agatha: Und dann gab's keines mehr. Knesebeck Verlag, München | Buchholz, Simone: Blaue Nacht. Suhrkamp Verlag, Berlin, Zitat Seite 18 | Sjöwall, Mal und Wahlöö, Per: Verschlossen und verriegelt. Rowohlt Verlag, Hamburg | Wagner, Jan Kostin: Sakari lernt, durch Wände zu gehen. Verlag Kiepenheuer & Witsch, Köln, Zitat Seite 23
Hill, Antonio: Der einzige Ausweg. Suhrkamp Verlag, Berlin, Zitat Seite 24 | Seghers, Jan: Menschenfischer. Rowohlt Verlag, Hamburg, Zitat Seite 25 | Hjorth, Michael und Rosenfeldt, Hans: Die Opfer, die man bringt. Rowohlt Verlag, Hamburg
Xiaolong, Qiu: 99 Särge. Paul Zsolnay Verlag, Wien, Zitat Seite 27 | Yoshimura, Manichi: Kein schönerer Ort. Cass Verlag, Bad Berka | Börjlind, Rolf und Cilla: Schlaflied. btb Verlag, München | Pattison, Eliot: Der fremde Tibeter. Aufbau Verlag, Berlin | Burke, James Lee: Regengötter. Wilhelm Heyne Verlag, München
Minato, Kanae: Geständnisse. C. Bertelsmann Verlag, München | Dahl, Arne: Falsche Opfer. Piper Verlag, München | McKinty, Adrian: Rain Dogs. Suhrkamp Verlag, Berlin, Zitat Seite 35 | Lansdale, Joe R.: Dunkle Gewässer. Wilhelm Heyne Verlag, München, Zitate Seiten 36, 37 | Bruen, Ken: Jack Taylor fliegt raus. dtv Verlagsgesellschaft, München | Mankell, Henning: Mörder ohne Gesicht. Paul Zsolnay Verlag, Wien | Mina, Denise: Blut Salz Wasser. Argument Verlag, Hamburg, Zitate Seite 40, 41 | Raab, Thomas: Still: Chronik eines Mörders. Droemer Verlag, München, Zitate Seiten 42, 43 | Poe, Edgar Allan: Wassergrube und Pendel. Propyläen Verlag, Berlin, Auszug Seiten 45 – 48 | Jepsen, Erling: Kopfloser Sommer. Suhrkamp Verlag, Berlin | Bottini, Oliver: Ein paar Tage Licht. DuMont Buchverlag, Köln, Zitat Seite 51 | Ertener, Orkun: Lebt. Fischer Verlag, Frankfurt am Main, Zitat Seite 52 | Borrmann, Mechtild: Der Geiger. Droemer Verlag, München, Zitat Seite 53 | Kerr, Philip: Die Berlin-Trilogie. Rowohlt Verlag, Hamburg | McIlvanney, William: Laidlaw. Antje Kunstmann, München | Nesbø, Jo: Schneemann. Ullstein Buchverlage, Berlin, Zitat Seite 56 | Goldammer, Frank: Der Angstmann. dtv Verlagsgesellschaft, München, Zitat Seite 58 | Carrisi, Donato: Der Nebelmann. Atrium Verlag, Zürich, Zitat Seite 60 | Melo, Patricia: Der Nachbar. Klett-Cotta, Stuttgart | Jones, Cynan: Alles, was ich am Strand gefunden habe. Verlagsbuchhandlung Liebeskind, München, Zitat Seite 63 | Sallis, James: Driver. Verlagsbuchhandlung Liebeskind, München, Zitat Seite 64 | Willmann, Thomas: Das finstre Tal. Verlagsbuchhandlung Liebeskind, München, Zitat Seite 66
Cavalcanti, Klester: Der Pistoleiro. Transit Buchverlag, Schwarzenbach, Zitat Seite 67
Reemtsma, Jan Philipp: Im Keller. Rowohlt Taschenbuch Verlag, Hamburg
Scherer, Johann: Wir sind dann wohl die Angehörigen. Piper Verlag, München, Zitat Seite 69 | Bausch, Joe: Gangsterblues. Ullstein Buchverlage, Berlin | Kollender, Andreas: Kolbe. Pendragon Verlag, Bielefeld, Zitat Seite 74

Peace, David: GB84. Verlagsbuchhandlung Liebeskind, München | Gattis, Ryan: In den Straßen der Wut. Rowohlt Verlag, Hamburg, Zitat Seite 76 | Georgi, André: Tribunal. Suhrkamp Verlag, Berlin | Fel, Jérémy: Die Wölfe kommen. dtv Verlagsgesellschaft, München | Beckett, Simon: Die Chemie des Todes. Rowohlt Verlag, Hamburg | Hoffman, Jilliane: Cupido. Rowohlt Verlag, Hamburg, Seite 80 Smith, Tom Rob: Kind 44. DuMont Buchverlag, Köln | Bohnet, Katja: Messertanz. Knaur Verlag, München, Zitat Seite 82 | Carter, Chris: Death Call. Er bringt den Tod. Ullstein Buchverlage, Berlin, Zitat Seite 83 | Smith, Roger: Stiller Tod. Klett-Cotta, Stuttgart | Winslow, Don: Tage der Toten. Suhrkamp Verlag, Berlin, Zitat Seite 86 Cataldo, Giancarlo de und Bonini, Carlo: Suburra. Schwarzes Herz von Rom. Folio Verlag, Wien | Jacobsen, Steffen: Trophäe. Wilhelm Heyne Verlag, München Mendelson, Paul: Die Straße ins Dunkel. Rowohlt Verlag, Hamburg, Zitat Seite 90 Nicol, Mike: Payback. btb Verlag, München | Holt, Anne: Schattenkind. Piper Verlag, München | Dazieri, Sandrone: In der Finsternis. Piper Verlag, München Ditfurth, Christian von: Zwei Sekunden. carl's books, München, Zitat Seite 96 Mullen, Thomas: Darktown. DuMont Buchverlag, Köln | Puzo, Mario: Der Pate. Rowohlt Verlag, Hamburg, Zitat Seite 98 | Izzo, Jean-Claude: Die Marseille-Trilogie. Unionsverlag, Zürich, Zitat Seite 99 | Annas, Max: Die Mauer. Rowohlt Verlag, Hamburg | Pflüger, Andreas: Endgültig. Suhrkamp Verlag, Berlin | Silva, Daniel: Die Attentäterin. HarperCollins Germany, Hamburg | Jensen, Jens Henrik: Oxen. Das erste Opfer. dtv Verlagsgesellschaft, München | Raabe, Marc: Schlüssel 17. Ullstein Buchverlage, Berlin | Harris, Oliver: London Underground. Blessing Verlag, München | Fox, Candice: Crimson Lake. Suhrkamp Verlag, Berlin | Peters, Christoph: Das Jahr der Katze. Luchterhand Literaturverlag, München, Zitat Seite 112 | John, D. B.: Stern des Nordens. Rowohlt Verlag, Hamburg, Zitat Seite 113 Deaver, Jeffrey: Der Giftzeichner. Blanvalet, München | D'Andrea, Luca: Der Tod so kalt. Deutsche Verlags-Anstalt, München | Searle, Nicholas: Verrat. Rowohlt Verlag, Hamburg, Zitat Seite 118 | Eckert, Horst: Der Preis des Todes. Rowohlt Verlag, Hamburg | Musharbash, Yassin: Radikal. Verlag Kiepenheuer & Witsch, Köln Ohlsson, Kristina: Papierjunge. Limes, München | Lehane, Denis: In der Nacht. Diogenes Verlag, Zürich, Zitat Seite 123 | Disher, Garry: Gier. Pulp Master, Berlin Yu-jeong, Jeong: Sieben Jahre Nacht. Unionsverlag, Zürich, Zitat Seite 126 Axat, Frederico: Mysterium. Atrium Verlag, Zürich | Mumot, André: Geisternächte. Bastei Lübbe, Köln, Zitat Seite 128 | Elsberg, Marc: Blackout. Blanvalet, München, Zitat Seite 129 | Yokoyama, Hideo: 64. Atrium Verlag, Zürich | Chaon, Dan: Der Wille zum Bösen. Wilhelm Heyne Verlag, München | Einzlkind: Billy. Suhrkamp Verlag, Berlin, Zitat Seite 132 | Leonard, Elmore: Road Dogs. Suhrkamp Verlag, Berlin | Kemelman, Harry: Am Freitag schlief der Rabbi lang. Unionsverlag, Zürich, Zitat Seite 134 | Ribeiro, Gil: Lost in Fuseta. Verlag Kiepenheuer & Witsch, Köln Flender, Karl Wolfgang: Helden der Nacht. DuMont Buchverlag, Köln Arango, Sascha: Die Wahrheit und andere Lügen. C. Bertelsmann Verlag, München, Zitat Seite 137 | Oates, Joyce Carol: Pik-Bube. Droemer Verlag, München Tuomainen, Antti: Die letzten Meter bis zum Friedhof. Rowohlt Verlag, Hamburg, Zitat Seite 139 | Maurer, Jörg: Unterholz. S. Fischer Verlag, Frankfurt am Main Westlake, Donald E.: Fünf schräge Vögel. Atrium Verlag, Zürich, Zitat Seite 141